한용운

글쓴이 **이규희**

충남 천안에서 태어났다. 성균관대학교 사서교육원, 방송대학교 일본학과를 졸업했다. 1978년 소년중앙에 동화 〈연꽃등〉이 당선되어 작가 활동을 시작했다. 현재 한국아동문학인협회, 문인협회, 펜클럽 회원으로 활동하고 있으며 세종아동문학상, 한국동화문학상, 한국아동문학상, 어린이문화대상을 받았다. 지은 책으로는 《아빠나무》《대장이 된 복실이》《어린 임금의 눈물》《구름 위의 큰 새》 들이 있다.

감수자 **김광운**

경기도 시흥에서 태어나 한양대학교 사학과와 같은 학교 대학원을 졸업했다. 현재 국사편찬위원회에 재직 중이며, 한겨레통일문화연구소 연구위원, 민주화운동기념사업회 자문위원으로 활동하고 있다. 한양대학교와 한신대학교, 조선대학교, 서울교육대학교 등지에서 학생들을 가르치고 있다. 지은 책으로는 《통일 독립의 현대사》 들이 있다.

한용운
우리가 잊지 말아야 할 독립운동가 8

3판 1쇄 인쇄 | 2019년 7월 30일
3판 1쇄 발행 | 2019년 8월 5일

지 은 이 | 이규희
감 수 자 | 김광운
펴 낸 이 | 정중모
펴 낸 곳 | 파랑새어린이
등   록 | 1988년 1월 21일 (제406-2000-000202호)
주   소 | 경기도 파주시 회동길 152
전   화 | 031-955-0670 팩   스 | 031-955-0661~2
홈페이지 | www.bbchild.co.kr
전자우편 | bbchild@yolimwon.com

ⓒ 파랑새, 2003, 2007, 2019
ISBN 978-89-6155-858-7 74910
      978-89-6155-850-1 (세트)

- 책값은 뒤표지에 있습니다.
- 출판사의 허락 없이 이 책의 일부 또는 전체를 인용하거나 발췌하는 것을 금합니다.
- 본 도서는 파랑새 〈인물로 보는 한국사〉 시리즈와 동일한 도서입니다.

어린이제품안전특별법에 의한 제품 표시
제조자명 파랑새 | 제조년월 2019년 8월 | 제조국 대한민국 | 사용연령 10세 이상

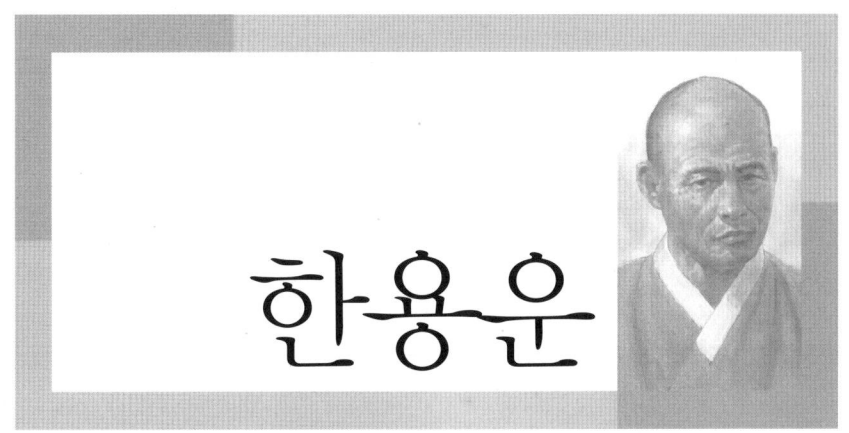

한용운

이규희 글 | 김광운 감수

파랑새

추천사
삶의 등대가 되어 주는 역사 인물

'도로시'라는 미국의 교육학자는 '아이들은 사는 것을 배운다'라는 유명한 시를 남겼습니다. 그 내용은 다음과 같습니다.

만일 아이가 나무람 속에서 자라면 비난을 배웁니다.
만일 아이가 적개심 속에서 자라면 싸우는 것을 배웁니다.
만일 아이가 비웃음 속에서 자라면 부끄러움을 배웁니다.
만일 아이가 수치심 속에서 자라면 죄의식을 배웁니다.
만일 아이가 관대함 속에서 자라면 신뢰를 배웁니다.
만일 아이가 격려 속에서 자라면 고마움을 배웁니다.
만일 아이가 공평함 속에서 자라면 정의를 배웁니다.
만일 아이가 인정 속에서 자라면 자기 자신을 좋아하는 것을 배웁니다.
만일 아이가 받아들임과 우정 속에서 자라면 세상에서 사랑을 배우게 됩니다.

이 아름다운 시처럼 우리들의 아이들은 끊임없이 세상에서 무엇인가 배우고 있습니다. 자라나는 아이들에게 사는 것을 배우게 하는 가장 좋은 방법은 무엇일까요? 그것은 아마도 우리나라가 낳은 조상들 중에서 훌륭한 업적을 이룩하신 역사적 인물들을 배우고 그 인물들을 통해서 그들의 애국심과 남다른 인격을 본받는 것입니다. 지금까지 어린 아이들을 대상으로 하는 위인전은 많이 있었지만 이번에 발간한 인물 이야기처럼 이제 막 인격이 성숙하기 시작하는 초등학교 고학년에서부터 사춘기에 이르는 중학생을 상대로 한 인물 역사책은 거의 없었던 것으로 알고 있습니다. 사실 이런 책들은 역사를 인식하고 역사적 인물을 이해할 수 있는 연령을 대상으로 하였을 때, 비로소 그 빛을 볼 수 있다고 생각합니다.

　꼭 알아야 할 역사적 인물을 선정해서 발간하는 이 책은 우리 아이들에게 무한한 자부심과 희망과 꿈을 키워 줄 것입니다.

　그리고 이 책은 역사학자들의 철저한 감수와 고증을 거쳐 역사적 사실이 흥미 위주로 과장되거나 주관적인 해석으로 왜곡되지 않고 정확하게 전달되도록 온 힘을 기울였습니다.

　존경하는 인물을 한 사람 가슴에 품고 자라난 아이들은 가슴 속에 하나의 등대를 갖고 있는 항해사와 같습니다. 아이들의 먼 인생 항로에서 언제나 꺼지지 않는 등불이 되어 절망과 역경에 이르렀을 때도 그 앞길을 밝혀 주는 희망의 등불이 될 것입니다.

　자라나는 아이들은 미래의 희망입니다. 그들에게 사는 것을 가르치기 위해서는 아이들이 살아갈 조국, 내 나라 내 땅을 위해 땀과 피와 목숨을 바친 훌륭한 역사적 인물들의 씨앗을 우리 아이들의 가슴 속에 뿌려 주는 일일 것입니다. 그 씨앗은 아이들 가슴 속에서 무럭무럭 자라나 마침내 아름다운 꽃과 무성한 열매를 맺게 될 것임을 저는 의심치 않습니다.

이어령 전 문화부 장관

지은이의 말

 만해 한용운. 그는 겨우 동네 뒷산이나 오르내리던 내게 히말라야보다 더 높은 산처럼 느껴졌습니다. 그런데도 나는 아무 등산 장비도 갖추지 않은 채 겁도 없이 그 산을 올라갔습니다. 올라가다가 넘어지고 미끄러지고 무릎이 깨져 겁이 나서 주저앉아 울기 일쑤였습니다.
 산을 오르는 동안 내가 참 무모한 등산을 하고 있다는 사실을 깨달았습니다. 나는 '한용운'이라는 산에 대해 아는 게 너무 없었던 것입니다. 나는 마치 깜깜한 밤에 등불도 없이 길을 걸어가고 있는 것처럼 무서웠습니다. 그 후 이런저런 자료를 읽고 발자취를 찾아보는 동안 차츰 '한용운'이라는 큰 산의 윤곽이 보이기 시작했습니다.
 한용운은 나라의 운세가 바람 앞의 촛불처럼 위태로울 때 이 땅에 태어났습니다. 조선이라는 나라를 차지하기 위해 먹음직스러운 먹이를 보고 달려드는 맹수들처럼 일본과 중국, 구미 열강이 저마다 발톱을 감춘 채 기회를 엿보던 때였으니까요. 그는 동학 농민 운동, 의병, 개항, 을사 조약 등 숱한 사건을 겪으면서 자신이 해야 할 일이 무엇인가를 곰곰이 생각하였습니다. 마침내 한용운은 '불교'를 통해 우리 민중의 정신을 개혁하기로 결심했습니다. 우리가 외세의 침략을 받는 것은 우리가 정신적으로 똑바로 서지 못했기 때문임을 깨달은 것입니다. 그러는 틈틈이 그는 시를 썼습니다. 시는 그의 마음을 담아내는 또 다른 그릇이었습니다.

한용운의 자료들을 읽던 나는 문득 초등학교 때 배운 양팔 저울이 떠올랐습니다. 한용운은 양팔 저울과 같은 인물입니다. 한쪽은 일제의 저항과 회유에도 절대 굴하지 않는 꿋꿋함과 불교 개혁을 외치는 강인함을, 다른 한쪽에는 〈님의 침묵〉처럼 시정 넘치는 시를 쓸 만큼 섬세함과 부드러움을 갖췄기 때문입니다. 그는 때로는 성난 사자처럼, 때로는 부드러운 봄바람처럼 그 시대를 살았습니다.

이제, 그는 우리 곁을 떠났습니다. 하지만 그가 남긴 빛나는 시와 승려이자 독립지사, 문화 운동가로서의 모습은 그대로 남아 있습니다. 비록 님은 떠났지만, 우린 님을 보내지 아니하였습니다.

나는 한용운의 삶을 정말 멋진 솜씨로 그려 보고 싶었습니다. 하지만 짧은 식견으로 이렇게 부족한 그림을 그리게 된 것이 마냥 안타까울 따름입니다. 다만 이 글을 쓰는 동안 도움을 주신 남한산성 '만해 기념관'의 전보삼 관장님, 소설 〈님의 침묵〉의 저자인 친구 김호운 형께 이 자리를 빌려 감사의 말씀을 전합니다.

이규희

차례

추천사 5
지은이의 말 8

1. 키 작은 신동 12
2. 서당 훈장이 되다 20
3. 타오른 동학의 불길 26
4. 의병이 되다 33
5. 오세암으로 가다 41
6. 백담사에서 50
7. 시베리아 여행 56
8. 그리운 고향 72
9. 다시 백담사로 오다 79

10. 현해탄을 건너 일본으로	90
11. 조선의 불교여, 깊은 잠에서 깨어나라	96
12. 만주로 떠나다	107
13. 알기 쉽게 쓴 팔만대장경	116
14. 폭풍이 불어오기 전	122
15. 대한 독립 만세, 만세!	140
16. 대쪽 같은 지조	149
17. 〈님의 침묵〉을 쓰다	157
18. 변절자들에게 등을 돌리다	164
19. 심우장에서의 생활	171
20. 조선 학병 반대 운동을 벌이다	181
21. 떠나간 님	187

1. 키 작은 신동

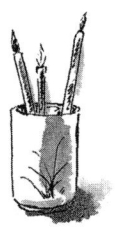

　한창 기승을 부리던 늦더위도 한풀 꺾이고 마을 앞 들판에는 어느새 누렇게 익은 벼 이삭이 넘실거릴 무렵이었다.
　충청도 홍주군 결성면 성곡리 나지막한 산자락 아래 자리한 한응준의 초가에서 마악 갓난아기의 울음소리가 들려왔다. 바로 훗날 꿋꿋한 절개와 지조로 조선 불교의 개혁과 독립운동을 외치고, 우리 문학사에 길이길이 남을 '님의 침묵'을 지은 만해 한용운이 태어난 것이다.
　그 무렵 조선은 1876년 개항과 함께 한반도를 둘러싼 열강 제국들이 자기네들의 이익에 눈이 어두워 호시탐탐 기회를 노리고 있는 어려운 때였다. 한용운은 이렇게 조선 왕조의 국운이 기울어 가던 1879년 8월 29일 아버지 청주 한씨 한응준과 온양 방씨인 어머니 사이에서 둘째 아들로 태어났다.
　한응준은 아들의 이름을 유천이라 지었다.
　원래 유천의 가문은 조상 대대로 벼슬을 한 좋은 집안이었으나, 아버지 한응준은 충훈부도사라는 말단 벼슬을 지낸 후 고향에 내려와 살고 있었다. 그 때문에 한응준은 유천에 대한 기대가 남달랐다. 장남 윤경과는 무려 열아홉 살이나 차이가 나고 자신의 나이 삼십 후반을 넘어 낳은 늦둥이였으니 더욱 애정이 각별하였다.

"유천아, 이리 앉거라. 오늘부터 글공부를 하자!"

한응준은 유천에게 천자문을 가르쳤다.

"하늘 천, 따 지, 검을 현, 누를 황……."

유천은 남들은 몇 달이 걸려서 배워야 할 천자문을 단 며칠 만에 전부 외워 버렸다.

"아버지, 저도 서당에 보내 주세요!"

천자문을 익힌 유천은 아버지를 졸라 서당에 나갔다. 유천의 나이 여섯 살 때였다.

유천은 다른 아이들에 비해 키도 작고 덩치도 작았지만 똘망똘망하기가 이를 데 없었다. 훈장이 글을 가르쳐 주면 어느새 다 외우곤 줄줄 낭송을 하곤 했다. 유천은 〈동몽선습〉이며 〈소학〉 등 닥치는 대로 읽었다.

하루는 서당에서 〈대학〉을 배울 때였다.

"자, 모두들 글을 써 보아라!"

훈장은 큰 소리로 일렀다. 그런데 유천이 자리에 앉아 붓에다 시커먼 먹물을 찍어서는 책의 글씨를 군데군데 지우는 게 아닌가?

"유천아, 그게 무슨 짓이야?"

"훈장님한테 들키면 경을 치려고 그래?"

　　서당 친구들이 말렸지만 유천은 아랑곳없이 하던 일을 멈추지 않았다. 마침내 훈장도 유천이 하는 모습을 보았다.
　　"네 이놈! 누가 책에다 그렇게 장난을 치라고 하더냐, 엉?"
　　훈장은 무섭게 호령을 하였다. 하지만 유천은 태연한 얼굴로 대답했다.
　　"이것은 장난을 치고 있는 게 아닙니다."
　　"장난하는 게 아니라면 왜 책의 글을 지우고 있었단 말이냐?"
　　"책에 써 있는 정자(程子)의 주가 마음에 들지 않아 그걸 지우고 있었던 것입니다."
　　"아니, 뭐라구!"

훈장은 어이가 없었다. 주(註)란 원래 내용이 어려운 책에다 유명한 학자들이 알기 쉽게 뜻풀이를 해 놓은 것인데 〈대학〉에는 유명한 학자인 정호와 정이 두 학자가 주를 달아 놓았던 것이다. 그런데 이제 겨우 예닐곱 살밖에 안 된 유천이 그 내용이 마음에 들지 않는다며 까맣게 지우다니 놀랄 수밖에.

"과연 너는 신동이로구나!"

훈장은 그만 감탄을 하였다.

유천이 훈장한테 호된 꾸지람을 당할 줄 알았던 서당 친구들도 깜짝 놀랐다. 비록 자기들보다 키는 작았지만 아무도 유천을 얕잡아보는 아이가 없었다.

그 후에도 유천은 다른 아이들보다 빠른 속도로 글공부를 하였다. 아홉 살 때에는 웬만한 어른들도 그 뜻을 이해하기가 힘든 〈서상기〉를 독파하였다. 중국의 춘향전이라 할 수 있는 원나라 때의 희곡이었다. 또한 중국의 역사 교과서인 〈통감〉과 옛날 한문의 경전 가운데 가장 어려운 것의 하나인 〈서경〉의 '기삼백주' 라는 대목을 통달하여 그야말로 보는 이의 감탄을 자아냈다.

"참으로 신동이야, 신동!"

"세상에! 작은 고추가 맵다더니 정말 대견하구먼!"

사람들은 칭찬을 아끼지 않았다. 그리고 유천의 집을 신동 집으로 불렀다.

한응준은 남달리 영특한 아들이 대견하기만 하였다. 날마다 유천을 데리고 앉아 세상 형편과 나라가 큰 어려움에 처했을 때 나라를 위해 목숨을 바친 의인, 걸사에 대한 이야기를 들려주었다. 원래 충청도 홍주 땅은 예로부터 최영, 성삼문, 김좌진 같은 충의의 기개가 서린 고장이었다. 들이 넓으며 하늘이 잘 뚫려 있어 큰 인물을 잉태할 만한 지세를 갖춘 곳이었다.

"유천아, 예전부터 홍주 근방은 고려 말의 포은 정몽주, 사육신 성삼문, 임진왜란 때의 이 충무공, 병자호란 때의 삼학사 같은 의인들과 구국 영웅들이 많으니라. 너도 학문을 익혀 그분들처럼 나라와 의를 위해 일해야 한다."

"네, 아버지!"

유천은 아버지의 말씀을 들을 때마다 마음속에 뜨거운 불길이 타올랐다.

'나도 커서 그분들처럼 훌륭한 사람이 되어야지!'

유천은 마음속으로 굳게 다짐하였다.

그러던 어느 날이었다. 유천은 다른 때와 마찬가지로 생각에 잠겨 산길을 걷고 또 걸었다.

어느 틈에 날은 어두워지고 길을 잃고 말았다.

"또 어머니한테 꾸중을 듣겠구나. 빨리 내려가야지."

유천은 칡덩굴을 헤치며 길을 찾아 나섰다. 그러다가 그만 발을 헛디뎌 낭떠러지로 굴러 떨어졌다.

"으악!"

한참 후 정신을 차린 유천은 일어서려다가 그만 소리를 질렀다. 정강이뼈가 부러져 꼼짝할 수가 없었기 때문이다.

밤은 점점 깊어 갔다.

한편 마을에서는 난리가 났다.

"아니, 유천이가 산에서 아직 안 돌아왔다구요? 이거 산짐승 밥이 된 건 아닐까?"

마을 사람들은 너도 나도 횃불을 들고 유천을 찾아 나섰다.

마침내 마을 사람들은 낭떠러지 밑에서 신음 소리를 내고 있는 유천을 찾아내어 집으로 돌아왔다. 그 일로 유천은 한동안 서당에 나가지 못했다. 하지만 유천은 집에서 오히려 더 많은 책을 읽었다. 여러 가지 역사 책이며 소설, 사람들 입에서 입으로 전해진 설화와 민담도 읽었다.

유천은 배고픈 아이가 먹을 걸 탐하듯이 닥치는 대로 이것 저것 지식을 쌓았다.

그렇게 몇 해가 흘러갔다.

유천은 하루하루 열심히 글공부를 하였다. 그러던 어느 날 한응준은 유천에게 말했다.

"유천아, 이제부터 과거 공부를 하도록 하여라. 그래서 과거 급제를 한 후에는 높은 벼슬에 올라 나라를 위해 일해 보거라."

비록 양반으로 태어났으나 높은 벼슬에 오르지 못했던 한응준은 아직도 양반이라는 의식이 남아 있었다. 그래서 유천이 장차 가문을 빛

내고 의로운 일을 하는 사람이 되기를 바랐다.

하지만 어린 유천의 생각은 달랐다.

"아버님은 제가 벼슬을 하여 정일품 자리에라도 오르길 바라십니까? 나라가 이렇게 어지러운 때에 벼슬아치들이 하는 짓을 보십시오. 백성들을 편히 살게 하기는커녕 백성들의 등골이나 빼먹고 오히려 백성들을 나날이 힘들게 하지 않습니까. 저는 그 따위 썩어 빠진 벼슬길에는 오르지 않을 것입니다. 그 대신 제 나름대로 아버님이 말씀하신 의인, 걸사들처럼 나라를 위해 일을 할 터이니 제발 과거 이야긴 하지 마십시오."

유천은 또렷하게 자기 의견을 말하였다.

그 후 한응준은 더 이상 유천에게 과거 공부를 하라는 말을 하지 않았다. 어려서부터 강직한 아들의 성격을 알기 때문이었다.

2. 서당 훈장이 되다

유천의 나이 열넷이 되던 해였다.

서당에 다녀오던 유천은 집에 손님이 와 있는 걸 보았다. 간혹 마을 총각 처녀의 중매를 서던 중매쟁이였다.

"아이구, 키는 작아도 몸집이 저렇게 다부진 걸 보니 큰 인물이 되겠군요. 게다가 어려서부터 신동이라고 소문이 자자하니 학식 또한 따라올 사람이 없을 테고, 저만하면 일등 신랑감이지요."

중매쟁이는 유천을 보며 빙긋 웃었다. 공연히 얼굴이 붉어진 유천은 사랑방에 들어가 책을 펼쳤다.

그로부터 며칠 뒤, 어머니 방씨 부인이 유천을 불렀다.

"유천아, 네 색시감을 물색해 놓았으니 혼인을 하도록 하여라."

"네? 벌써 장가를 들라구요?"

유천은 깜짝 놀라 되물었다. 하지만 더 이상 반대할 수가 없었다. 당시는 조혼 풍습이 있어 또래 중에도 이미 혼인을 한 친구들이 있었다. 혼인을 안 한다는 건 불효를 저지르는 것과 마찬가지였다.

마침내 유천은 1892년 열네 살 되던 해에 천안의 전씨 집 딸인 정숙과 혼인을 하였다.

　유천은 관례를 올리자 정옥이라는 또 하나의 이름인 자를 갖게 되었다. 관례란 유교에서 성인 남자가 되는 의식을 말하는데 원래는 남녀가 스무 살이 되면 남자는 상투를 틀고 여자는 머리를 올려 비녀를 꽂는 걸 말하였다.

　하지만 조혼 풍습으로 인해 유천은 혼인으로 관례를 올리게 된 것이다. 그 후 유천은 정옥이라는 자로 불렸다.

　유천은 정옥 외에도 여러 개의 이름을 갖게 되었다. 훗날 입산 수도하여 받은 계명은 봉완, 나중에 수계를 하고 받은 법명은 용운, 법호는 만해였다. 그러나 이렇게 많은 이름 중에서 법명인 용운과 법호인 만해가 제일 많이 불리고 있는 탓에 오늘날 '만해 한용운'으로 알려지게 되었다.

　그러니 이제부터 그를 한용운으로 부르도록 하자.

　혼인을 한 후에도 한용운은 글공부를 게을리 하지 않았다. 하루는 어머니 방씨 부인과 아내 정숙이 들일을 나갈 때였다.

　"새아기랑 밭에 나갔다 올 터이니 멍석에 널어 놓은 벼 좀 잘 살피고 있거라. 요즘 참새 떼가 극성이라 잠시도 한눈을 팔아서는 안 되느니라."

　어머니 방씨 부인은 신신당부를 하였다. 한번 책을 읽었다 하면 옆에서 굿을 해도 모르는 아들임을 잘 알기 때문이다.

"염려 마세요, 어머니."

한용운은 읽던 책에서 눈을 떼고 말했다.

하지만 한참 후 집으로 돌아온 어머니와 아내는 말을 잃었다. 멍석에 널어 놓은 벼를 참새들이 다 쪼아 먹고 빈 쭉정이만 남아 있는 게 아닌가? 한용운은 그것도 모르고 책만 읽고 있었다.

"아가, 아무래도 네 남편은 사사로운 집안일을 하긴 틀린 모양이다. 대처에 나가 큰일을 해야 할 사람인 게야. 그러니 너도 마음을 크게 갖도록 하여라."

어머니는 아들의 됨됨이가 다른 사람과 다르다는 걸 다시 한 번 깨달았다.

어느 날 한용운의 학문이 뛰어나다는 걸 알고 있던 훈장이 사숙이 되어 줄 것을 간청하였다.

"정옥이, 자네 나를 도와 아이들 좀 가르쳐 주겠나?"

"남을 가르치기엔 부족한 몸이오나 성심껏 해 보겠습니다."

한용운은 스승의 제안을 받아들여 어린 제자들을 열심히 가르쳤다. 학생들 중에는 한용운보다 나이가 위인 사람들도 있었지만 모두 한용운의 말에 귀를 기울였다.

"우리 조선이 이렇게 남의 나라의 간섭을 받는 것은 다 우리가 무지하기 때문입니다. 나라를 굳건히 하는 데는 배우고 깨닫는 길밖에 없습니다."

한용운은 한학을 가르치는 틈틈이 나라의 형편도 일러 줬다.

"지금 청나라와 일본, 러시아는 서로 우리 조선을 차지하려고 기회를 노리고 있습니다. 그런데도 조정에서는 수구파와 개화파, 여기에 겹쳐 대원군파니 민비파니 하며 권력 주도 싸움만 벌이고 있으니 한심한 일입니다. 이럴 때일수록 우리는 정신을 바짝 차려야 합니다."

한용운은 답답한 조선의 현실이 마냥 걱정스럽기만 했던 것이다.

3. 타오른 동학의 불길

그 무렵 나라가 외세의 간섭에 시달릴 대로 시달리자 고통을 당하는 건 힘없는 농민들이었다. 특히 1876년에 강제로 조선과 강화도 조약을 체결한 일본은 노골적으로 조선에 대한 경제적인 침략을 하였다. 일본으로 조선의 쌀을 반출해 가고 물가를 자극하여 농민들의 생활을 더욱 어렵게 만들었다. 일본인 어부들은 조선의 해안까지 침입하여 툭하면 조선인 어부들을 괴롭혔다.

이렇게 농민들이 고통을 당하는데 한술 더 떠서 탐관오리들은 백성들에게 이런저런 세금을 부과하고 부정을 저질렀다.

"아, 농사를 지으면 뭘 하나!"

"이럴 바엔 차라리 산 속에 들어가 화전민이나 되었으면!"

농민들은 죽도록 일을 해도 입에 풀칠하기 어려웠다.

이럴 때 1894년(고종 31년) 전라도 고부군에서 탐관오리와 외세를 몰아내자며 동학의 지도자인 전봉준을 우두머리로 한 농민들이 불길처럼 일어났다.

동학이란 원래 경주의 최제우가 세운 조선 말기의 신흥 종교인데,

백성들의 정신적 지주인 유교와 불교가 부패하여 민중을 이끌어 주지 못하고, 외세가 나라를 어지럽히자 '인내천' 사상을 내세우며 일어난 종교였다. 즉, 모든 사람이 평등하다는 이상을 내세우며 퇴폐한 양반 사회를 부정하는 반봉건적이며 혁명적인 성격이 강한 종교였다. 그런 동학의 이념이 억눌릴 대로 억눌린 일반 농민들의 마음을 사로잡은 것이다.

갑오 동학 농민 운동이 고부에서 일어난 건 고부 군수 조병갑 때문이었다. 신임 군수 조병갑은 농민들한테 무리한 세금을 거둬들이고, 백성들에게 무고한 죄명을 씌워 2만 냥이 넘는 돈을 수탈하는가 하면 자기 부친의 송덕 비각을 세운다는 명목으로 강제로 농민들에게 돈을 징수한 게 사건의 발단이 되었다.

"와아! 고부 군수를 몰아내자!"

"왜적을 몰아내자!"

"썩어 빠진 조정 관리들을 몰아내자!"

분노한 농민과 동학 교도들은 머리에 흰 수건을 동여매고 몽둥이와 죽창을 들고 일어났다.

그 기세는 삽시간에 정읍, 태인, 김제, 전주를 함락했다. 사기가 높아진 동학군은 불과 한 달 만에 호남 일대를 휩쓸면서 관아를 습격하고 옥문을 부수어 죄수들을 풀어 주었다.

동학의 불길은 전국으로 번져 나갔다. 그 동안 숨을 죽인 채 탐관오리와 외세에 시달리던 힘없는 백성들의 함성이 경상도, 충청도, 경기

도로 불길처럼 번져 나갔다.

그때 한용운은 열여섯 살의 늠름한 청년이었다. 여전히 키는 작았지만 다부진 몸에 사람을 꿰뚫어 보는 듯한 눈을 가진 의젓한 성인이 된 것이다.

"아버지, 저도 동학당에 들어가 못된 탐관오리들과 싸우겠습니다."

한용운은 혈기 있게 나섰다.

"안 된다. 아직 너는 어리다. 게다가 앞으로 이 나라를 위해 할 일이 많은데 섣불리 목숨을 잃을 수는 없다. 그러니 제발 나서지 말아라."

한응준은 극구 말렸다.

그 무렵 동학의 세력이 점점 커지자 당황한 조정에서는 전 충훈부 도사였던 한응준까지 재등용하여 관아를 지키게 하였다. 하지만 늘 백성들의 편에 서서 생각하던 한응준은 몰래 동학군을 도왔다. 큰아들 한윤경도 마찬가지였다.

동학 농민군의 기세는 하늘을 찌를 듯했다. 하지만 관군이 동학군에게 크게 당하기만 하자 겁이 난 조정은 청나라에 구원의 손길을 뻗쳤다.

"하늘이 주신 기회다!"

그렇잖아도 조선에서 일본보다 나은 위치를 차지하려고 호시탐탐 기회만 엿보던 청나라는 기다렸다는 듯이 군사를 끌고 들어왔다.

그러자 일본도 가만있지 않았다.

"조선 땅에 있는 일본인을 보호해야 한다!"

일본도 군사를 이끌고 쳐들어왔다.

뜻하지 않게 동학군이 청나라, 일본을 끌어들이게 된 것이다.

전봉준은 이에 굴하지 않고 전라도 각 읍에 집강소를 두고 개혁 정치를 꾀하였다. 그리고 흩어져 있던 병력을 모아 전주 삼례를 동학군의 근거지로 삼고 대군을 인솔하여 공주로 향하였다. 하지만 미리 정보를 입수한 관군과 일본군은 동학군이 공주에 이르렀을 무렵 만반의 태세를 갖추고 있었다. 마침내 동학군은 우금치에서 관군과 일본군을 맞아 한바탕 격전을 치렀지만 신식 무기를 갖춘 관군과 일본군에게 패하고 말았다.

그 후 전봉준은 순창에서 재기를 꾀하였지만 배반자의 밀고로 체포되어 1895년 3월에 처형되었다.

"녹두 장군이 돌아가셨다!"

전봉준이 죽자 동학군은 통곡을 하였다. 하지만 그들은 고향에 돌아갈 수 없었다. 일본군에 힘입은 관군들이 동학 농민 운동에 참가했던 사람들을 찾아내어 닥치는 대로 처형했기 때문이다.

그들은 몇몇이 몰려다니며 관아를 습격하고 목숨이 다할 때까지 싸웠다. 그러다가 남의 눈을 피해 산속으로 들어가 겨우 목숨을 유지하기도 했다.

남몰래 동학군을 도와준 한응준과 아들 윤경도 살얼음판을 딛는 듯했다.

"아무래도 안 되겠다. 나라가 잠잠해질 때까지 너는 천안 처가에 가 있다 오너라. 자칫 잘못하면 너한테까지 불똥이 튈지도 모를 일이다. 지금은 나설 때가 아니라 몸을 보전해야 할 때니라."

한응준은 한용운 내외를 천안으로 보냈다. 혹시 무슨 일이 있더라도 대가 끊기는 일이 없도록 하려는 의도에서였다.

4. 의병이 되다

　천안 처가로 간 한용운은 모든 것을 잊고 오로지 책을 읽었다. 하지만 속으로는 홍주에 있는 아버지와 형의 소식이 궁금하여 견딜 수가 없었다.
　"아, 아버님은 지금 어찌하고 계실까?"
　한용운 혼자만 몸을 피해 편안하게 지내는 게 죄스럽기만 했다.
　그 무렵 동학군을 토벌한다며 조선에 온 청나라와 일본 사이에 전쟁이 일어났다. 서로 조선을 차지하려는 음흉한 속셈을 가지고 있던 청나라와 일본이 조선의 자주 독립을 보장해 줘야 한다는 명목 하에 '청일 전쟁'을 일으켰다.
　조선은 하루아침에 쑥대밭이 되었다. 조정은 청나라, 일본 가운데 어느 편을 들지도 못한 채 내 나라에서 전쟁이 벌어지는 걸 멀거니 바라보고만 있었다.
　두 나라 군사들은 곡식을 약탈하고 가축을 빼앗고 논과 밭을 다 망쳐 놓았다. 백성들은 울분을 참을 수 없었다.
　마침내 전쟁은 일본의 승리로 끝났다. 거대한 땅덩어리의 주인인 중국을 물리치고 작은 섬나라 일본이 이긴 것이다. 이제 일본은 중국의 눈치를 보지 않고도 거리낌 없이 조선의 내정을 간섭하기 시작하였다.

이때 청나라 편에 서 있던 민비는 신변의 위험을 느끼고 러시아를 끌어들였다. 마침내 민비를 눈엣가시처럼 여기던 일본군은 1895년 10월 궁궐로 쳐들어가 곤히 잠들어 있는 민비를 시해하고 말았다.

"나라의 국모가 일본 놈들의 손에 죽임을 당하셨다! 이런 수치스러운 일이 어디 있는가? 당장 일어나 일본군을 몰아내자!"

동학 농민 운동에 실패하고 여기저기 떠돌던 무리들은 마침내 울분을 참지 못하고 다시 의병으로 일어섰다.

"아, 나라 꼴이 이 지경이 되도록 조정 관리들은 뭘 했단 말인가?"

울분을 참지 못한 한응준과 윤경도 의연히 홍주에서 의병으로 나섰다.

전국에서 의병이 일어나자 조정은 바짝 긴장하였다. 자라 보고 놀란 가슴 솥뚜껑 보고 놀란 격이었다. 동학 농민 운동이 이제 겨우 수그러들었나 했는데 다시 의병이 일어났기 때문이다. 조정은 일본군과 손을 맞잡고 대대적인 의병 토벌에 나섰다. 의병이 동학군처럼 숫자가 많거나 조직적이지 않았지만 아예 그 싹을 자르려는 것이었다.

관군은 홍주까지 쳐들어왔다.

한응준과 큰아들 윤경은 관군에 잡혀 무참하게 처형당하고 말았다. 그들은 살던 집마저 불질러 버리고 한응준의 아내와 며느리까지 붙잡아다가 태형을 가하였다.

뒤늦게 천안에서 그 소식을 들은 한용운은 땅을 치며 통곡하였다.

"아아, 아버지! 형니임!"

한용운은 서둘러 길 떠날 채비를 하였다.

"여보게, 자네마저 무슨 일을 당하면 어쩌려고 그러나. 그러다가 대가 끊기기라도 하면 오히려 더 큰 불효를 저지르게 되는 걸세. 나라가 좀 잠잠해지면 떠나세."

장인이 걱정스러운 듯 말했다.

"아닙니다. 아버님과 형님의 시신이라도 거두어 장례를 치르고, 옳은 일을 하다가 억울하게 돌아가신 원수를 갚아야지요."

"여보, 당신 혼자 무슨 원수를 갚는단 말이에요?"

한용운의 아내도 울면서 매달렸다.

"나도 홍주에 있었으면 이미 죽은 몸이오. 이렇게 나 혼자 구차하게 살아 있으니 앞으로 내 한 목숨 불의와 평생 싸울 것이오. 그러니 당신도 그렇게 알고 있구려."

한용운은 아내와 장인이 말렸지만 홍주로 떠났다.

한용운은 날이 어두워져서야 남의 눈을 피해 고향 홍주에 닿았다. 하지만 그가 살던 집은 이미 잿더미가 되고 어머니와 형수, 조카들의 모습조차 보이지 않았다.

"아버지, 어머니! 불효자가 왔습니다!"

한용운은 잿더미가 된 집 앞에 털썩 주저앉아 통곡을 하였다. 그 바

람에 이웃에 살던 사람들이 하나 둘 뛰쳐나왔다.

"아니, 자네 정옥이 아닌가?"

"어서 여길 떠나게. 관군이 알면 당장 관가에 잡혀갈 테니, 어서!"

"죄도 없는 저를 누가 잡아간단 말입니까? 도대체 저희 어머니와 형수는 어디에 있습니까?"

한용운은 붉게 충혈된 눈으로 물었다.

"에구, 자네 어머니는 장독에 걸린 몸으로 간신히 자네 외가로 피신을 가셨다네. 형수도 조카들을 데리고 처가로 가고!"

"에잇, 못된 놈들!"

한용운은 어금니를 꼭 깨물었다.

잿더미가 된 집에서 하룻밤을 지낸 한용운은 서둘러 아버지와 형의 무덤을 찾았다. 동네 사람들이 임시로 가매장을 해 놓은 초라한 무덤이었다.

"아버님, 형님임!"

한용운은 무덤 앞에 서서 또 통곡을 하였다. 하지만 아무리 몸부림치며 울어도 돌아가신 아버님과 형은 살아 돌아올 수 없었다.

'도대체 삶과 죽음이란 무엇인가? 어차피 한평생 살다가 죽을 목숨, 나도 아버님과 형님처럼 의롭게 살다 죽자!'

한용운은 입술을 깨물며 다짐하였다.

그는 그 길로 어머니와 형수를 찾아가 인사를 드렸다. 그러곤 옷소매를 부여잡고 말리는 어머니와 형수를 뿌리치고 의병들이 숨어 있는 산속으로 들어갔다.

의병들은 대부분 전에 동학군으로 활약하다가 숨어 들어온 사람들이었다. 의병은 한낮에는 산속에 숨어 있다가 밤이면 관아를 습격하여 관군을 죽이고 군자금을 탈취하였다. 탐관오리의 집으로 쳐들어가 재산을 빼앗기도 했다.

한용운은 그들보다 나이가 어렸으나 누구보다 용감하였다. 게다가 글공부를 많이 하고 병법 서적을 읽은 터라 작전을 세우는 데도 남달랐다.

그러자 홍주 관아에서는 한용운이 나타나 의병들을 지휘한다는 소문이 돌아 더욱 바짝 추격을 해 왔다. 의병들은 하나 둘 관군에게 붙잡혀 목숨을 잃고 배고픔과 추위를 견디지 못하여 달아나기도 했다.

한용운은 차츰 회의가 들었다.

'이렇게 닥치는 대로 관군을 죽이고 재산을 빼앗는 게 과연 나라를 위하는 일인가? 이건 옳지 않다. 같은 민족끼리 서로 죽고 죽이는 싸움을 할 때가 아니다. 이런 방법이 아닌 다른 방법이 있을 게다.'

한용운은 곰곰 생각에 잠겼다.

마침내 관군은 한용운이 있는 의병대 근처까지 추격해 왔다.

한용운은 얼마 남지 않은 의병들을 모아 놓고 큰 소리로 외쳤다.

"이제 곧 추운 겨울이 다가옵니다. 이렇게 무리를 지어 다니다간 관군의 눈에 띄어 다 죽고 말 겁니다. 그러니 관가에 끌려가 개죽음을 당하기 전에 뿔뿔이 흩어져 다음을 기약합시다. 아직은 우리 힘이

약합니다. 더 큰 힘을 길러야 합니다. 한 발 뒤로 물러나 후일을 기약하자는 것이지요."

"안 되오! 죽어도 같이 죽고 살아도 같이 살아야 하오!"

몇몇 의병들은 한용운의 말에 강력하게 반대를 하고 나섰다. 하지만 산속에서 있는다 해도 추위와 배고픔으로 더 이상 견딜 수 없다는 걸 알기에 대부분의 의병들은 한용운의 말이 옳다는 걸 알고 있었다.

마침내 그들은 눈물을 흘리며 뿔뿔이 흩어졌다.

5. 오세암으로 가다

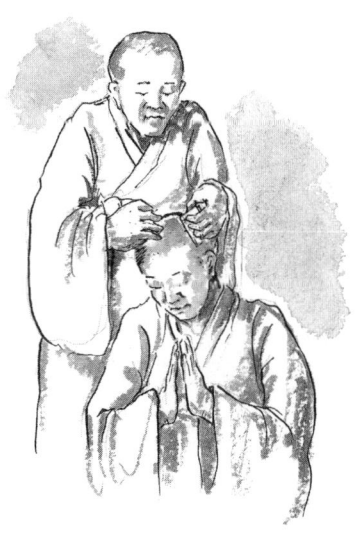

한용운은 어디로 가야 할지 막막하였다. 이제 고향인 홍주 땅에는 집도 가족도 모두 없었다. 그렇다고 처가로 가기도 싫었다.

어려서부터 아버지 슬하에서 의인, 걸사의 이야기를 들으며 자랐던 한용운은 이제 조용하게 홍주에서 글공부만 하던 글방 도령이 아니었다. 더군다나 그 즈음 들려오는 나라의 혼란스러운 소식은 피 끓는 젊은 한용운의 마음을 흔들어 가만 두지 않았다.

자기 눈으로 직접 힘없는 백성들이 동학군으로, 의병으로 죽어 나가는 걸 본 한용운은 가슴속의 울분을 잠재울 수가 없었다.

'그래, 뭔가 나라를 위해 의로운 일을 해야 한다! 그게 돌아가신 아버지와 형님의 원혼을 위로하는 일이다!'

한용운은 무작정 서울을 향하여 길을 떠났다. 한창 변화의 물결이 넘치고 있는 서울에 가서 뭔가 할 일을 찾아봐야겠다고 여긴 것이다. 하지만 서울이 가까워질수록 회의가 들었다.

한용운은 길가 주막집에 들어가 팔베개를 하고 이런저런 생각에 잠겼다. 그때 문득 아홉 살 때 읽었던 〈서상기〉 중에서 '통곡'의 일 장이 떠올랐다.

'인생이란 덧없는 것이 아닌가. 밤낮 근근 살자 하다가 생명이 가면 무엇이 남는가. 명예인가 부귀인가, 모두 다 아쉬운 것이 아닌가. 결국 모든 것은 공(空)이 되고 무색(無色)하고 무형(無形)하는 것이 되어 버리지 않는가. 그렇다면 인생이란 무엇인지 그것부터 알고 일하자!'

한용운은 인생이 무엇인지 알기 위해서는 더 많은 공부가 필요하다는 걸 다시 한 번 깨달았다.

'그래, 서울로 간다고 해서 내가 뭘 깨달을 수 있단 말인가? 우선 내가 할 일은 나를 깨우치는 일이다. 인생이 무엇이며 내가 누구인지도 모르면서 어떻게 나라와 의를 위해 일을 하겠다는 것인가?'

사실 한용운은 글공부를 많이 하였다고는 하나 고향 서당에서 훈장에게 배운 것과 독학으로 글을 읽은 것뿐이었다.

'그래, 설악산에는 백담사라는 큰 절이 있다고 했지. 거기 가서 큰 스님을 만나 내 몸과 마음을 새로이 갈고 닦은 다음에 서울에 가서 할 일을 찾아도 늦지는 않아!'

이튿날 아침, 한용운은 서울로 가려던 마음을 돌려 강원도로 향했다. 산길을 지나 걷고 또 걸었다. 충주, 원주를 지나 험한 산길을 쉬지 않고 걸어갔다. 하루, 이틀 그렇게 걷다 보니 마침내 멀리 설악의 빼어난 자태가 눈에 들어왔다.

아름드리 소나무와 깎아지른 듯한 바위들이 한 폭의 산수화처럼 펼쳐 있었다.

"아, 이렇게 아름다울 수가! 역시 설악이로구나."

고향 홍주 땅의 나지막한 산만 보던 한용운은 설악산의 위엄과 자태에 감탄하고 말았다.

한용운은 푸른 나무가 우거진 숲길을 걷고 또 걸었다.

한용운이 간 곳은 내설악 쪽이었다. 봉우리인 대청봉을 중심으로 동남쪽 속초와 양양은 외설악, 인제 일대의 서북쪽은 내설악이라고 불렀다. 외설악에 비해 내설악이 훨씬 편안하고 아늑해 보였다.

한참을 걷다 보니 눈앞에 작은 암자 하나가 눈에 들어왔다. 깊은 산자락에 딸린 '오세암'이라는 암자였다. 백담사에서 산길을 따라 30리를 오르면 나타나는 작은 암자였다.

한용운은 백담사를 찾아가려다가 오세암에 이른 것이다. 오세암은 마치 설악의 산봉우리를 병풍처럼 두른 연꽃 모양으로 산자락에 푹 파묻혀 있었다. 세상을 잊고 도를 깨우치기에 더할 나위 없이 좋은 곳이었다.

한용운은 무작정 오세암의 스님을 찾아갔다.

"스님, 저는 홍주 사람 한정옥이라고 하옵니다. 이 암자에서 머물도록 해 주십시오."

"왜 하필 깊은 산속에 있으려 하느냐?"

"저 자신이 무엇이며 인생이란 무엇인지 마음을 닦고 도를 깨우치고 싶어 왔습니다. 제발 저를 받아 주십시오."

스님은 한용운을 한동안 꿰뚫어 보았다.

다 떨어진 의복에 뼈만 남은 몰골이었지만 두 눈은 뭔가를 불태울 듯 빛났다.

"절의 생활이란 고달프기 그지 없느니라. 게다가 너는 절 생활이 처음이니 불목하니(나무를 하고 불을 때는 일)부터 해야 하느니라. 그래도 좋다면 있도록 하거라."

"스님, 고맙습니다."

한용운은 마침내 오세암의 식구가 되었다. 그의 나이 열아홉 살 때의 일이었다.

한용운은 이른 아침 일어나 산에 가서 나무를 해 오고 불을 때고 절 마당을 쓰는 등 궂은일을 도맡아 하였다. 스님이 되려는 사람들은 누구나 이런 힘든 일을 거쳐야만 하였다. 그 모든 것이 수행의 과정이었다. 어떤 이는 밥 짓는 일을 맡아하는 공양주로 몇 년을 수행하기도 했고 불목하니로 몇 년간 있기도 했다. 더러는 일이 고되고 힘들어 공양주나 불목하니만 하다가 포기하는 사람들도 있을 정도로 힘든 나날이었다.

하지만 한용운은 오세암의 불목하니 생활이 즐겁기만 하였다. 불목하니는 추운 겨울에 쓸 땔감까지 미리미리 준비해야 했기 때문에 매일 나무를 하러 산에 올라야 했다.

어느 날은 나무를 하러 대청봉 꼭대기까지 서슴지 않고 올라가고 망경대, 궁전암, 만물상, 용소, 왕녀탕까지 다니며 빼어난 설악의 자태에 흠뻑 취했다.

'이 위대한 자연에 비하면 인간이란 얼마나 하찮은 존재인가? 바위도 스승이고 단풍잎도 스승이다. 모든 게 부처 아닌 게 없고 스승 아닌 게 없구나!'

살악산은 한용운에게 자연을 보는 새로운 눈을 뜨게 해 주었다.

한용운은 숲 속에 핀 꽃 한 송이며 다람쥐, 노루, 사슴까지 모두 놀라운 생명체라는 걸 새삼 깨달았다.

한용운은 불목하니 노릇을 하는 틈틈이 불경을 읽었다. 그 동안 고향에서 익힌 글공부 덕에 불경을 읽는 일은 어렵지 않았다. 불경을 읽을수록 그는 새로운 진리에 눈을 떠 갔다. 하지만 스님이 알면 혼쭐이 날까 봐 밤마다 호롱불을 밝힌 채 몰래몰래 읽은 것이다.

그러던 어느 날이었다. 어느덧 한용운이 오세암에 온 지도 어언 2년이 될 무렵이었다.

"그래, 그 동안 글공부는 많이 하였느냐?"

"아니, 스님이 어찌……?"

한용운은 몸 둘 바를 몰랐다. 혼자 몰래 불경 공부를 하고 있었는데 스님은 다 알고도 모른 척하였던 것이다.

"내가 그 동안 너를 유심히 지켜보았느니라. 뛰어난 학문을 바탕으로 불경 공부에도 열심이고 참선이며 기도도 열심이니 그만하면 머리를 깎아도 허물이 없겠구나."

한용운은 깜짝 놀랐다. 머리를 깎는다는 것은 불교에 입문한다는

뜻이었으며 지금까지 쌓았던 속세와의 인연도 끊어야 하는 것이다.

마침내 한용운은 입산 수도 후 첫 삭발식을 하였다.

"삭삭……."

삭도로 머리를 미는 소리가 사각사각 들릴 때마다 한용운은 지그시 어금니를 물었다. 그 소리는 마치 지금부터 속세의 인연을 끊으라는 칼날 소리로 들렸고 부모와 아내의 고운 얼굴이 차례로 떠올랐다.

'나무관세음보살, 나무관세음보살…….'

한용운은 입 속으로 계속 나무관세음보살을 되뇌었다.

이때 한용운은 '봉완'이라는 법명을 받고 '봉완 스님'으로 불렸다.

한용운은 그때부터 더욱 열심히 불교 경전 공부를 하였다. 마침 오세암에 딸린 장경각에는 방대한 대장경과 오래 된 경전들이 많이 있었다. 그 동안 그저 염불이나 하고 목탁을 두드릴 줄 알던 무지한 승려들이 거들떠보지 않아 먼지가 풀풀 나는 오래 된 책들이었다. 1865년 남호 선사가 해인사판 대장경 1부를 오세암에 봉안하면서 '훗날 눈 밝은 납자(納子, 납의를 입은 사람이란 뜻으로 중을 이르는 말)가 여기서 이 경전을 읽고 크게 깨우침을 얻을 수 있기를 바란다'며 남겨 놓은 것들이었다. 남호 선사의 그런 뜻은 한용운을 만나서 비로소 활짝 꽃피게 된 것이다.

이렇게 깊은 산중에서 '팔만대장경'을 만난 한용운은 그저 꿈만 같았다. 한용운은 그 날부터 시간 가는 줄 모르고 경전에 파묻혔다.

그러던 어느 날이었다.

"아니, 이게 정녕 꿈인가, 생시인가?"

장경각의 책을 한 권 한 권 살피던 한용운은 뜻밖에도 김시습이 보던 경전을 발견하였다. 단종 임금이 죽자 절개가 높았던 매월당 김시습이 세조 임금에게 등을 돌리고 오세암에 들어와 도를 닦으며 보던 책이었다. 그것은 상찰 선사가 지은 〈십현담〉이라는 책인데 그 내용이 너무 어려워 김시습이 하나하나 주를 달아 놓은 귀한 것이었다.

"세상에 이럴 수가!"

한용운은 마치 몇 백 년을 거슬러 올라가 김시습과 마주앉아 있는 듯한 벅찬 기쁨을 맛보았다.

한용운은 배고픈 아이가 먹을 것을 찾듯 날마다 장경각의 책을 읽었다.

하루는 오세암 스님이 한용운을 불렀다.

"이제 여길 떠나거라. 내가 너에게 가르칠 것은 더 이상 없다. 더 큰 뜻을 깨치려면 여기서 10여 리 떨어진 곳에 있는 백담사로 가거라. 가서 크게 깨우쳐 이 나라 불교를 위해 큰 기둥이 되거라!"

한용운의 됨됨이를 이미 알고 있던 스님이 말했다.

한용운은 스님의 뜻을 받들어 백담사로 내려갔다.

6. 백담사에서

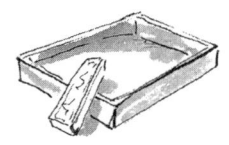

　백담사는 대청봉에서 시작된 북한강의 상류에서부터 못이 100개 되는 곳에 자리한 내설악 깊숙한 계곡 속에 있는 큰 절이었다. 그곳에는 김연곡이라는 도가 높고 인품이 훌륭한 스님이 있었다. 오세암 스님이 한용운을 백담사로 보낸 것도 김연곡 스님에게 도를 배우라는 뜻에서였다. 하지만 한용운은 백담사에서도 불목하니 노릇을 하였다. 그러는 동안 틈틈이 불경 공부를 하였다.
　"저 봉완 스님은 자나깨나 불경을 읽고 있네그려."
　"저렇게 어려운 불경을 읽는 걸 보니 글공부를 많이 한 모양일세."
　백담사의 신자들은 한용운이 읽는 불경을 보며 감탄하였다.
　한용운은 참선과 기도를 하며 불경 공부를 게을리 하지 않았다. 하지만 문득 밖에서 들려오는 소리는 한용운의 가슴을 답답하게 할 뿐이었다. 조선이라는 나라를 사이에 두고 일본과 청나라가 서로 으르렁거리며 싸우고 있었던 것이다.
　'아, 도대체 이 땅에서 내가 해야 할 일이란 무엇인가?'
　한용운은 점점 산속에 틀어박혀 불경을 외우고 도를 닦는 일보다 뭔가 행동으로 나서야 할 때임을 느꼈다. 한용운의 이런 마음에 불을 당긴 건 〈영환지략〉이라는 책이었다. 이 책은 중국 청나라 때의 '서계여'가 1848년에 저술한 책으로 아편 전쟁 이후 서양의 근대 과학과 기술 문명의 우수성을 깨달아 중국의 전통적 가치관은 지니되, 서양적 수단을 채택해야 한다는, 즉 중국과 서양의 현실을 정확히 알아야 한다는 현실적 반성으로 서양의 지리와 역사를 소개한 것이다.

한용운은 그 책을 읽은 후에 자신이 우물 안의 개구리임을 깨달았다.

'그래, 이 좁은 나라에서만 있을 게 아니라 넓은 세상에 나가 새로운 문물을 보고 오는 것도 좋지 않을까?'

한용운은 그가 배운 한학과 불경 외에 새로운 학문을 알게 한〈영환지략〉을 통해 세상에는 조선 외에도 넓은 천지가 있다는 걸 새삼 깨닫게 된 것이다.

그는 더 넓은 세계에 대한 그리움을 떨칠 수가 없었다. 그 동안 마음 속에 품고 있던 세계 여행의 꿈을 실현해 보고 싶었다.

'그래, 가서 내 눈으로 보고 오자. 그런 다음 돌아와서 내가 할 일을 정하자!'

한용운은 연곡 스님께 인사를 올리고 백담사를 떠났다.

때는 이른 봄, 음력 2월 초순이었다. 봄이라고는 하지만 아직 산등성이에는 흰 눈이 덮여 있고 골짜기에는 얼음이 얼어 있었다.

한용운은 옷 속을 파고드는 찬바람을 안고 잰걸음으로 20여 리 산길을 걸어 나왔다. 그러자 넓이가 1마장이나 됨직한 넓은 가평천이 나타났다. 설악산에서부터 흘러 내려온 눈 녹은 물이 불어서 양도 많고 물살도 세었다. 아무리 둘러보아도 건널 만한 다리 하나 없었다.

'이걸 어쩐담. 이 냇물을 건너지 않으면 산길을 한나절도 더 돌아가야 하는데……'

망설이던 한용운은 바짓가랑이를 걷고는 한 발 한 발 냇물로 들어갔다. 물은 생각했던 것보다 더 얼음처럼 차가웠다. 미처 서너 발짝을 떼기도 전에 발이 얼얼하고 온몸이 뼛속까지 시려 왔다. 게다가 물 속의 둥근 돌에는 이끼가 낄 대로 끼어 있어서 미끄럽기 짝이 없었다. 자칫하면 그대로 미끄러져 물 속으로 빠질 지경이었다.

한용운은 정신을 바짝 차리고 냇물을 조심스럽게 건넜다. 하지만 냇물을 절반쯤 건너 오자 발에 감각이 없어졌다. 발이 마비되자 균형을 잃고 금방이라도 물 속으로 자빠질 것만 같았다.

'이거야말로 진퇴유곡 아닌가. 남은 일이 있다면 그저 주저앉는 것 아니면 넘어지는 것뿐이로구나.'

한용운은 냇물 한가운데 서서 오도 가도 못한 채 어찌할 바를 몰랐다. 그대로 서 있자니 발은 더욱 감각이 없어지고 몸까지 얼어붙을 지경이었다.

그때였다. 불현듯 한 가지 생각이 그의 머리를 스쳤다.

'그래, 나는 지금 주머니에 돈 한 푼 없이 세계 여행을 나서는 길이 아닌가. 어떠한 곤란이 있더라도 각오를 하고 나온 길이 아니던가. 이깟 물살에 주저앉는다면 어떻게 물 설고 낯선 남의 나라까지 갈 수 있겠는가. 어쩌면 세상의 인정은 눈 녹은 물보다 더 찰 것이고 세상의 길은 조약돌보다 더 험할 것이다. 이만한 냇물조차 건너지 못한다면 세계 여행도 부질없는 것이 될 게다.'

한용운은 어금니를 꾹 깨물었다. 그리고 주먹을 불끈 쥐곤 한 발 한 발 냇물을 건넜다. 마침내 건너편 둑에 닿아서 보니 발등은 죄 찢어지고 발가락이 깨져서 피가 흘렀다. 하지만 한용운은 냇물을 건너온 것이 통쾌하기만 하였다.

"아, 일체유심이라고 하더니 모든 것이 마음먹기에 달려 있구나!"

한용운은 이렇게 중얼거리며 가던 길을 계속 갔다.

7. 시베리아 여행

서울에 도착한 한용운은 세계 여행에 도움을 줄 만한 사람을 찾지 못하였다.

'아, 내가 기대했던 만큼 세계 지리와 사정에 대한 체험담을 들을 만한 곳이 없구나. 내가 그만큼 사람들과 모르기 때문일까, 아니면 그린 체험을 한 사람이 없는 것일까?'

세계 여행에 관한 작은 도움이라도 받을까 기대했던 한용운은 지도와 책을 가지고 혼자 여행 계획을 세웠다.

'그래, 우선 원산으로 가지. 거기서 배를 타고 시베리아로 가서, 유럽을 거쳐 영국과 미국으로 가는 거야!'

한용운은 서둘러 원산을 향해 떠났다. 호랑이와 표범, 승냥이가 나타나는 산길을 갓 스무 살을 넘긴 청년 혼자 걸어가는 것이다.

그런데 한용운이 원산에 거의 닿을 무렵이었다. 저쪽에서 승복 차림의 스님 둘이 다가와 먼저 아는 체를 하였다.

"나무관세음보살……. 스님은 어느 절에 계시오이까?"

"설악산 백담사에 있습니다."

"아니, 저도 백담사에서 왔습니다만."

"그러십니까? 저는 오세암에서 불목하니 노릇을 하다가 백담사에서 연곡 스님을 모셨습니다만……."

"아, 나는 백담사에 딸린 봉정암에 있었소이다. 하하하, 이렇게 먼 데서 같은 식구를 만났군요. 반갑습니다."

봉정암에 있었다는 스님은 반가워서 어쩔 줄을 몰랐다. 설악산 백담사에는 딸린 암자가 여럿 있었다. '오세암'이니 '봉정암'이니 하는 것들이 다 그런 암자였다.

"참, 이쪽은 금강산 마하연에 있는 스님이외다. 블라디보스토크로 '다스포'를 사러 가는 중이지요. 음식을 만드는 재료인데 그걸 사다가 국내에다 팔면 돈을 벌 수 있다고 하여 사러 가는 길입니다. 이를테면 장삿길에 나선 것이지요."

'아니……?!'

한용운은 스님이 장삿길에 나섰다는 말에 어리둥절하였다. 하지만 신라 때부터 배를 타고 멀리 울릉도, 일본까지 가서 교역을 해 돈을 벌고 장사하는 승려들이 있다는 이야기를 떠올리며 그들과 반갑게 인사를 하였다. 어쨌든 낯선 여행길에 동행을 만난 것이 기쁘기만 하였다.

"어쨌든 반갑습니다."

한용운은 일행과 함께 시베리아 블라디보스토크로 가는 배에 올랐다. 배를 타는 순간 한용운은 깜짝 놀랐다. 그 배는 500톤 정도의 작은 기선이었으나 이제껏 나룻배나 재래식 목선밖에 타 본 적이 없는 그로서는 그처럼 큰 배는 처음이었다.

한용운은 배의 규모와 내부를 샅샅이 관찰하였다. 그러다가 조타실 앞에서 방향 키를 돌리는 조타수를 한참 동안 넋을 잃고 바라보기도 하였다. 노를 젓는 대신 동력으로 움직이는 배를 처음 보았기 때문이었다.

'아, 서양의 문물은 대단하구나!'

한용운은 숲을 보려면 숲 밖으로 나와야만 하는 것처럼 조선의 현실을 제대로 보려면 조선 밖으로 나가 봐야 함을 다시 한 번 깨달았다. 마침내 배는 몇 날 며칠을 걸려 러시아 블라디보스토크 항구 가까이 다달았다. 멀리 배가 정박된 항구와 마을의 모습이 보였다.

그때 배가 항구 가까이 멈추어 섰다.

"아니, 배가 왜 서는 거요?"

한용운은 놀라서 선원에게 물었다.

"항구 가까이에 수뢰를 묻어 두어서 배가 함부로 드나들 수가 없어요. 여기에서 신호를 하면 수뢰를 피해서 들어갈 수 있는 항로를 아는 러시아 인이 올라와서 운전을 하게 됩니다."

한용운은 그 말을 듣고 감탄하였다. 수뢰를 묻어 놓고 반드시 자기 나라 사람으로 하여금 배를 입항시키고 있다는 건, 자기 나라를 지키는 치밀한 방법이었다.

'남들은 이렇게 자기 나라를 철통같이 지키는데 우리 조정은 싸움

질만 하고 있었으니······.'

갑오경장 이전에 조선의 군사는 고작 6천 명도 안 되었다. 삼면이 바다로 둘러싸인 조선으로서 그만한 병력으로 나라를 지킨다는 것이 얼마나 한심한 일이었던가.

한용운은 가슴이 답답해질 뿐이었다.

마침내 배가 몇 번 고동을 울리며 신호를 보내자 항구에서 작은 배 한 척이 쏜살같이 달려왔다. 러시아 인 조타수가 배에 오르고 나서 배는 다시 움직이기 시작하였다.

마침내 배는 블라디보스토크 항구에 닿았다. 그 무렵 블라디보스토크 항구는 이미 근대적인 항만 시설을 다 갖추고 있었다.

'이렇게 큰 배가 그대로 항구까지 들어올 수 있다니!'

한용운은 그저 놀랄 뿐이었다. 조선은 원산항같이 큰 항구에도 부두 시설을 제대로 해 놓지 않아 작은 배가 큰 배 가까이 드나들며 사람이며 짐을 실어 날라야만 했기 때문이다.

한용운은 일행과 함께 배에서 내렸다. 국제 항구답게 거리에는 러시아 인을 비롯해서 중국 사람, 조선 사람, 만주 사람 등 각국 사람들이 많이 오가고 있었다. 그 중에서도 중국인이 제일 많았다. 블라디보스토크가 원래 베이징 조약이 맺어지기 전까지는 청나라 땅이었기 때문이다. 그곳에는 조선에서 건너간 사람들이 많이 모여 살고 있었다.

"우린 러시아 말도 서툴고 하니 먼저 조선인이 모여 사는 개척 마을로 가는 게 좋겠군요."

"그럽시다."

일행은 부두를 빠져나왔다. 그런데 길가에 모여 서성거리고 있던 조선인들이 아까부터 한용운 일행을 이상한 눈초리로 바라보고 있었다. 그들이 한 식당에서 요기를 할 때도 마찬가지였다.

한용운은 승려들이 겨울에 쓰는 복주 감투를 쓰고 있기 때문에 그러려니 생각하였다.

식당을 나온 일행은 조선인 개척 마을로 들어섰다. 조선 마을의 집 구조는 조선과 만주의 혼합식으로 되어 있어 어딘가 생소하였다. 게다가 가옥 구조도 불규칙하고 환경도 비위생적으로 보여 이곳에 사는 조선인들의 생활 수준을 짐작케 하였다.

한용운 일행은 길가에 있는 허름한 여관에 여장을 풀었다.

바로 그때였다. 갑자기 밖이 소란스러워졌다. 여관 밖으로 사람들이 우르르 몰려가는 소리가 요란스럽게 들려왔다. 웅성웅성 사람들이 떠드는 소리도 들려왔다.

"무슨 일이지?"

자리에 비스듬히 누워 있던 금강산 스님이 벌떡 일어나 앉았다.

"글쎄……."

"무슨 싸움이 벌어진 모양입니다. 하긴 여기도 사람 사는 세상이니까……."

한용운은 대수롭지 않다는 듯 말했다. 그때 또 밖이 소란스러워지며 밖으로 나갔던 사람들이 마당으로 들어서며 웅성거렸다.

"또 죽이러 나가네그려."

"이번에는 몇 놈이던가?"

"둘일세."

"이번 배에서 내린 사람이야?"

"그렇겠지 뭐."

"참, 사람 많이 죽이네그려."

한용운은 그 소리를 듣고 정신이 번쩍 들었다. 얼른 방문을 열고는 마당에 서성거리고 있는 사람들 중 하나에게 물었다.

"사람을 죽이러 나간다니 대체 무슨 말이오?"

"여기서는 조선에서 머리를 깎은 사람들이 들어오면 잡아다 죽인답니다. 오늘도 배에서 내린 두 사람을 죽이러 간 거지요."

한용운은 뒤통수를 한 대 얻어맞은 듯 깜짝 놀랐다.

"아니, 머리 깎은 사람들을 왜 죽인답니까?"

"일진회 회원이라고 무조건 죽인답니다."

"일진회 회원들은 머리를 깎습니까?"

"왜놈들이 머리를 깎으니까 덩달아 그러는 게지요."

한용운은 아뿔싸, 이거 큰일 났구나 싶었다. 그러고 보니 아까 배에서 내릴 때 머리를 깎은 두 사람을 보았다. 그제야 길거리에서 일행의 모습을 힐끔힐끔 훔쳐보던 조선인들의 행동이 이해가 되었다. 그렇다면 자신들의 신변도 안전하지 못하다는 뜻 아닌가?

"도대체 누가 그들을 죽인답니까?"

"조선 사람들이지요. 먼저 이곳에 와서 러시아 국적을 가진 사람들이죠. 그들은 왜놈과 그 앞잡이들을 죽도록 미워하니까요."

"그럼, 재판을 해서 죽입니까?"

"재판이 다 뭐요, 덮어놓고 죽여서는 바다에 내던지면 끝이지요."

한용운은 어처구니가 없었다. 사람을 죽이는 데 전후 사정을 알아보지도 않고 죽이다니.

"아니, 사람을 그렇게 함부로 죽이단 말이오? 여긴 법도 없고 경찰도 없소?"

"경찰이 있기는 하지만 귀찮아서 그냥 내버려 두는 거지요. 여기에서는 하루에도 수없이 길바닥에 사람이 죽어 나자빠져요. 더구나 조선인끼리 서로 죽이는데 그 사람들이 아는 체할 까닭이 없지요."

"그래, 지금까지 머리 깎은 사람을 대체 얼마나 죽였소?"

"제법 죽였지요. 들어오기만 하면 모조리 죽이니까요."

"그럼, 우리는 어찌하여 가만히 놔두는 거요?"

한용운은 눈을 크게 뜨고 물었다.

"글쎄요, 그건 알 수 없지요. 아직 더 두고 봐야지요."

한용운은 기가 막혔다. 몸을 피하려 해도 바다로 나가지 않고는 갈 곳이 없었다. 낯선 이국 땅에 닿자마자 목숨이 풍전등화에 놓이게 된 것이다.

"러시아 경찰에 가서 보호를 요청해야잖겠소?"

"러시아 말도 모르는데 어떻게……."

"손짓 발짓으로라도 상황 설명을 해야지요."

"하긴 죽을 때 죽더라도 사람들이 모여 있는 곳에서 죽는 게 낫소. 여기서 그야말로 쥐도 새도 모르게 죽을 수야 없소."

한용운 일행은 자리에서 일어나 밖으로 나갈 채비를 하였다.

바로 그때였다. 문 밖에서 갑자기 여러 사람의 발소리가 들리더니 양복을 입은 청년 10여 명이 신발을 신은 채 방 안으로 뛰어들어 왔다. 그들은 다짜고짜 한용운 일행을 에워쌌다. 모두 가는 철사를 여러 겹 꼬아서 만든 쇠몽둥이 하나씩을 들고 있었다. 그들은 염라국에서 온 저승사자들처럼 세 사람을 노려보았다.

벌써 봉정암 스님과 금강산 스님은 겁에 질려 부들부들 떨고 있었다. 하지만 한용운은 죄가 없는데 살든 죽든 당당해야 한다고 생각했다.

한용운은 그들을 본체만체하고 가부좌를 틀고 앉아 있었다.

그들 중의 우두머리가 한용운 앞에 버티고 서서 눈을 부라리며 물었다.

"너희들은 다 무엇 하는 것들이냐?"

"우리는 중이오."

한용운이 담담하게 말했다.

"중은 무슨 얼어죽은 놈의 중이야. 중이 염불은 안 하고 여길 왜 드나들어? 일진회 회원이지?"

"아니오. 우리의 의관과 행장을 보면 알 것 아니오."

"흥, 변장을 하고 정탐하러 온 줄 우리가 모를 줄 알고? 그런 허튼 수작은 우리한테 안 통한다."

"아니오. 본국 사원으로 조사를 해 보면 알 것이오."

"중놈이 아닌 게 분명하다. 중이라면 우리가 들어오는데 다리를 포개고 가만히 앉아 있을 리가 없지."

"다리를 포갠 것은 나쁜 일이 아니오. 불교에는 가부좌라는 게 있는데 공부하는 중이 하는 자세를 이르는 말이오. 보통 사람들이 다리를 포개는 것과는 다르오. 이것을 보시오."

한용운은 앉은 자세를 보여 주었다.

"그래도 중이라는 표시가 있어야 할 게 아니야. 그걸 꺼내 봐!"

하지만 그런 게 있을 턱이 없었다. 한때 조선 초기에 승려들에게 도첩이라는 승려의 표식을 준 적이 있었으나 그 후 억압을 받으면서 오히려 불가에서 그러한 제도를 감추어 버렸다. 그 후 조선 안에서는 승려끼리 만나면 절 이름이나 법명으로 서로의 신분을 확인할 따름이었다.

"어서 보따리를 끌러!"

우두머리는 소리를 질렀다.

한용운은 먼저 바랑을 집어들고 속을 열어 보였다. 금강경과 가사 한 벌, 버선 두 켤레가 고작이었다. 두 스님도 자기 바랑을 열어 보였다. 거기서도 별것이 나오지 않았다.

하지만 분위기는 다시 험악해졌다.

"너희들이 중이라는 사실은 너희들밖에 모른다. 그걸 누가 믿을 수 있느냐? 일진회 회원들도 잡히면 모두 중이라고 했다."

"그럼, 염불을 해 보이면 우릴 믿겠소?"

"염불 같은 소리 작작해! 일진회 회원들도 모두 염불을 잘했어!"

한용운은 더 이상 어떻게 할 방도가 없었다. 그들이 일진회 회원이라고 죽인 사람 가운데는 정말 승려도 있었을 것이다. 죽기 전에 승려임을 주장하기 위해 할 수 있는 모든 행동을 다 해 보였을 게 아닌가. 그러니 그들 앞에서 승려라고 우기면 우길수록 더욱 의심만 살 뿐이다.

"오늘은 밤이 깊었으니 너희들은 내일 처치하겠다. 도망갈 생각은 아예 하지 않는 게 좋을 것이다."

우두머리는 여관 주인을 불러 잘 감시하라고 이르고 돌아갔다.

한용운은 분통이 터졌다. 나라를 구하고자 의병 활동을 했던 몸이 이젠 낯선 이국 땅에서 일진회 회원으로 몰려 개죽음을 당할 판이었으니.

세 사람은 날이 훤하게 밝아 올 때까지 머리를 맞대고 의논하였으나 별 뾰족한 수가 없었다.

다음 날 아침, 한용운은 다짜고짜 여관 주인을 찾아가 어제의 그 우두머리가 누구냐고 물었다. 무작정 앉아서 죽을 때를 기다릴 수만은 없는 일이었다.

"엄인섭이라는 자입니다만……."

"무엇 하는 사람이오?"

"노령에서 러시아 교육을 받고 군대에 들어가 많은 공을 세웠어요. 훈장도 받아서 이곳에서는 아주 후한 대우를 받고 있습니다. 조선인들은 그의 말에 꼼짝을 못합니다."

"주인장 나를 그 사람 집으로 좀 안내해 주시오."

한용운은 의아해하는 여관 주인을 앞세우고 엄인섭을 찾아갔다.

"무슨 할 말이 있는가?"

엄인섭은 잔뜩 의심을 품은 눈빛으로 한용운을 쏘아보았다.

한용운은 우선 그의 마음을 움직이는 일이 중요하다고 생각했다. 어쨌든 같은 조선 사람 아닌가. 그의 행동이 나라를 위한 우국충정에서 나왔다면 무뢰한과는 어딘가 다른 점이 있을 것이다.

"듣자 하니 당신네들은 사람을 바다에 내던져 죽인다던데 나는 그러지 말고 그냥 죽이시오. 그리고 내가 죽으면 백골을 수습하여 고국에 가져가 묻도록 해 주시오."

한용운은 비장한 마음으로 말했다.

입을 굳게 다물고 한용운의 말을 듣던 엄인섭이 입을 열었다.

"여긴 왜 왔소?"

"〈영환지략〉이라는 책을 읽다가 문득 세계 여행을 해 본 후에 내가 이 나라를 위해 무얼 할지 알아보러 왔소."

이야기를 다 듣고 난 엄인섭은 한용운에게 한결 누그러진 말투로 말했다.

"어젯밤 일은 미안했소. 이제부터는 괜찮을 터이니 안심하오. 하지만 이곳 불라디보스토크에서부터 하바로프스크까지는 전부가 위험지대요. 그런 차림을 하고 다니면 어디서 누구에게 봉변을 당할지 모르니 아예 다시 조선으로 돌아가는 게 좋을 것이오. 여기서도 혹시 모르니 내 명함을 가지고 다니시오."

엄인섭은 명함에다 해치지 말고 보호하라는 내용을 적어 주면서 위험할 때 내보이라고 하였다.

한용운은 그제야 안도의 한숨을 내쉬었다. 마치 토끼가 용궁에 갔다가 살아온 듯하였다.

여관으로 돌아오자 두 스님은 그제야 얼굴에 핏기가 돌았다.

"정말 장하시오."

"난 다스포고 뭐고 당장 다음 배로 돌아가야겠소."

"그래도 답답하게 여관방에만 있지 말고 항구 구경이나 나갑시다."

한용운은 밖에 나갈 것을 청했지만 두 스님은 고개만 내저었다.

한용운은 혼자 항구 쪽으로 나왔다. 그때였다. 바닷가 모래밭 쪽에서 조선인 젊은이 대여섯 명이 한용운을 손짓해 불렀다.

"네가 어제 원산에서 온 사람이지?"

"그렇소만, 왜 그러시오?"

한용운은 아무래도 그들의 정체가 심상치 않았다. 그는 얼른 주머니에 넣어둔 엄인섭의 명함을 꺼내 그들에게 내밀었다.

"이까짓 명함이 다 뭐야!"

그들은 명함을 잠시 들여다보더니 그만 발기발기 찢어서 모랫바닥에 내던져 버렸다. 그러고는 갑자기 달려들어 한용운의 팔을 잡고 뒤로 꺾어 비틀었다.

"아니, 이게 무슨 무례한 짓이오? 나는 중이오, 이러지 마오!"

한용운은 계속 소리치며 사정을 했으나 그들은 막무가내였다.

"이놈이 어디서 반항이야? 여봐라, 이놈을 잡아 죽여!"

한 청년이 외치자 다른 청년들이 우르르 달려들었다. 한용운도 필사적으로 대항하였다. 비록 숫자는 많았지만 죽을힘을 다해 맞서자 그들도 쉽게 한용운을 이기지 못했다.

그때였다. 멀리서 구경하고 있던 중국인 한 사람이 다가왔다. 그 중국 사람은 조선말을 유창하게 하였다.

"왜들 싸우시오?"

한용운은 구세주를 만난 것처럼 반가워서 재빨리 사정 설명을 하였다. 그러자 그 중국인은 조선 청년들을 설득하였다.

"보아하니 중요한 일도 아닌데 남의 나라에까지 와서 같은 동족끼리 왜들 싸우는 거요? 그만들 두시오."

그래도 청년들은 한용운을 붙잡고 놓아 주지 않자 중국인은 부두에 있던 경찰을 불렀다.

경찰은 러시아 말로 호통을 치며 조선 청년들을 쫓아 버렸다.

"무슨 일로 왔는지 모르지만 빨리 돌아가는 게 좋을 거요. 이곳 조선인들은 허구한 날 저희들끼리 싸워요. 나라가 바람 앞의 등불처럼 위태로운 판에 싸움질이나 하고 있으니, 원. 쯧쯧!"

경찰이 돌아가자 중국인이 한심하다는 듯 말했다.

한용운은 그만 모랫바닥에 주저앉아 통곡을 하였다.

'아아, 나라가 언제 일본 놈들의 손아귀에 들어갈지도 모르는데 서로 똘똘 뭉쳐도 시원찮을 판에 싸움질이나 해야 하다니!'

한용운은 더 이상 그곳에 머물고 싶은 마음이 없었다.

그는 원산으로 돌아갈 뱃삯조차 없는지라 걷고 걸어서 러시아와 만주를 지나 국경을 넘고 두만강을 건너 조선으로 돌아왔다.

이렇게 하여 한용운의 세계 여행 계획은 실패하였다. 하지만 짧은 여행을 통해 그가 보고 느낀 것은 많았다.

8. 그리운 고향

조선 땅에 닿은 한용운은 안변 설봉산 석왕사로 향했다. 석왕사는 조선 왕조 개국과 인연이 있는 절이다.

무학 대사가 설봉산 기슭에 토굴을 파고 정진하고 있을 때였다. 그 당시 동북면에 나와 있던 이성계가 하루는 꿈을 꾸었는데 다 허물어진 집에서 서까래 세 개를 지고 나오는 꿈이었다.

이성계는 무학 대사에게 그 꿈에 대해 물었다.

"왕이 될 꿈이오."

그 말을 들은 이성계는 소스라칠 듯이 놀랐다. 사람이 서까래 세 개를 가로 진 모습이 임금 왕(王) 자를 닮은 것이다.

훗날 무학 대사가 있는 석왕사는 배불 정책에도 불구하고 왕의 사찰처럼 되었고 그 후 조선 왕조 5백 년 동안에도 거의 변함없이 유지되었다.

석왕사에 들른 한용운은 거기서 박한영 스님을 만났다. 나이는 한용운과 아홉 살 차이가 나지만 불교에 입문한 지는 18년이나 앞선 큰 스님이었다.

한용운은 박한영 스님과 많은 이야기를 나누었다.

"유학은 양반들의 전유물이지만 불교는 양반 상놈 할 것 없이 모든 사람을 다 포용하는 종교지. 하지만 조선조에서 불교를 배척하게 되면서부터 불교가 중생들을 제대로 구제하지 못하고 있네. 중생이 없는 승려는 죽은 목숨이지. 불교는 중생의 목을 축이는 감로수가 되어야 하거늘……."

박한영 스님은 승려가 깊은 산속에서 혼자 도를 깨우치는 것도 중요하지만 일반 민중 속으로 들어가야 한다고 강조하였다.

한용운은 그 말을 듣는 순간 눈앞에 잔뜩 끼어 있던 안개가 걷히는 기분이었다.

'그래, 참된 종교란 앞 못 보는 사람들의 길잡이가 되어 주는 것이다!'

한용운은 석왕사에서 깊은 깨달음을 얻었다.

'우선 불교의 불합리한 점을 하나씩 고쳐 나가야 해. 불교가 옛 옷을 벗고 새 옷을 입어야 한다. 그게 쉬운 일은 아닐 것이다. 하지만 하나하나 조선 불교의 옳지 못한 점을 파괴해야 한다. 그러기 위해서는 조선 불교의 내용을 더 깊이 알아야 한다.'

한용운은 석왕사에서 참선 공부를 하며 겨울을 보냈다.

석왕사를 나온 한용운은 문득 고향 생각이 났다.

"아, 고향 식구들은 지금쯤 어떻게 살고 있을까?"

한용운은 자꾸만 어머니와 아내의 얼굴이 눈에 밟혔다. 오랜 여행

뒤에 오는 외로움과 쓸쓸함 때문인지도 몰랐다.

한용운의 발걸음은 저절로 홍주로 향했다. 고향을 떠난 지 어언 7년 만의 일이었다.

"아, 옛집은 어디로 가고 이렇게 식구들이 뿔뿔이 흩어졌구나!"

한용운은 어릴 때 뛰어놀던 마을의 산과 들을 보자 저절로 눈물이 주르르 흘렀다.

한용운은 먼저 가까운 외가 근처에서 형수와 살고 있는 어머니를 찾아갔다. 어머니는 그새 더 늙어 있었다.

"아이구, 애야, 네가 이렇게 살아 있었다니 이게 꿈이냐, 생시냐! 그래, 네가 그 동안 설악산에 가서 스님이 되었더란 말이냐? 우린 네가 그저 죽은 줄만 알고 있었다."

어머니는 눈물을 흘리며 한용운을 맞이하였다.

"어머니, 불효를 용서해 주십시오. 이제 고향에서 어머니 모시고 살겠습니다."

"애야, 그게 무슨 말이냐? 안 된다, 어서 여길 떠나거라. 아직도 홍주 관아에서는 널 찾고 있느니라. 그러니 당장 처가가 있는 천안으로 가거라, 어서!"

어머니는 한용운을 재촉하였다.

한용운은 그렇게 그리워하던 어머니와 하룻밤도 지낼 수가 없었다. 홍주 관아에서는 아직도 한용운을 의병 두목으로 여기고 있었기 때문이다. 만약 한용운이 돌아온 걸 아는 날에는 당장 관가로 끌려가 어떻게 될지 모를 판이었다.
 한용운은 눈물을 흘리며 다시 천안으로 돌아왔다.
 "여보, 살아 있었군요, 살아 있었어요……!"
 바랑을 짊어진 채 들어서는 거지 스님 차림의 남편을 보자 아내는 눈물을 줄줄 흘렸다.
 "그 동안 어찌 지냈소? 그저 미안한 마음뿐이오."
 "서방님, 그게 무슨 말씀입니까? 이렇게 살아 돌아오신 것만으로도 제겐 기쁨입니다."
 아내는 좋아서 어쩔 줄을 몰랐다.
 한용운은 그 날부터 천안 처가에서 지냈다. 아내가 밭일, 들일을 나간 동안 예전처럼 책을 읽었다.
 하지만 한용운의 마음은 하루도 편할 날이 없었다.
 그 즈음 나라꼴은 점점 어려워져만 갔다.
 청나라와의 전쟁에서 승리한 일본은 나날이 기고만장해졌다.
 청나라를 이긴 일본은 조선에서 러시아 세력까지 몰아내려 하였다. 러시아는 또 러시아대로 겨울에도 얼지 않는 항구를 차지하여 조선과 일본으로 진출하려는 야심을 품고 있었다.
 이렇게 조선을 사이에 두고 일본과 러시아는 서로 늑대와 이리처럼 으르렁거리며 조정을 뒤흔들어 놓고 있었다.
 '이렇게 편안하게 집에 있을 때가 아니다. 뭔가 나서서 일을 해야 한다.'

하지만 한용운은 쉽게 집을 떠날 수가 없었다. 아내가 임신을 한 것이다.

'아, 할 일이 수미산 산더미같이 많은 내가 이렇게 시골에 처박혀 한낱 촌부로 살아야 한단 말인가?'

한용운은 밤잠을 이루지 못하였다.

그러던 어느 날 한용운은 아내에게 심각하게 말했다.

"여보, 미안하오. 아무래도 난 한 아녀자의 지아비가 되긴 틀린 모양이오. 나라가 이렇게 어수선한데 내 한 몸만 편안히 살 수는 없소. 다시 백담사로 들어가 도를 닦은 후 나라를 위해 일해 보고 싶소."

"그럼, 이젠 속세와 인연을 끊는다는 말이세요? 제 뱃속의 아이는……?"

"미안하오. 당신에게 너무 큰 짐을 남겨 두고 떠나오. 만약 아들을 낳거든 이름을 '보국'이라고 지으시오. 도울 '보', 나라 '국' 자요. 말하자면 나라를 돕는다는 뜻이오."

"아, 여보……."

아내는 하염없이 울었다. 하지만 이미 나라를 위해 큰일을 하기로 마음먹은 남편을 붙잡을 수는 없었다.

마침내 한용운은 산과 들이 온통 푸르른 초여름, 다시 백담사로 향했다. 그 해 12월 한용운의 아내는 아들 '보국'을 낳았다.

9. 다시 백담사로 오다

한용운은 다시 백담사로 돌아왔다. 1904년, 일제의 검은 손이 서서히 본색을 드러내던 시절이었다.

한 차례 시베리아와 만주를 돌며 세계의 정세를 둘러보고 온 덕분에 한용운의 시야는 더 넓어졌다. 게다가 이젠 어머니와 아내에 대한 그리움이나 개인적인 미련도 다 잊을 수 있었다.

'나라를 올바르게 세우려면 우선 정신적인 지주가 있어야 한다. 불교의 불도만큼 세상의 이치를 깨우치게 하는 데 적당한 것도 없다. 이제 나는 그 도를 깨우쳐서 이 나라를 올바른 세상으로 이끌어 보고 싶다.'

한용운은 먼저 자기 자신이 도를 깨우치지 않으면 아무 소용이 없다는 것을 알았다.

그는 새로운 질서와 철학을 찾아 무서우리만치 열심히 불경을 파고 들었다.

어느덧 한용운의 나이 27세가 되었다.

그 해 1월, 어느 날 연곡 스님이 한용운을 불렀다.

"네가 이제 그만하면 득도(불교의 교리를 얻어 앎)하였다고 할 만하니 중이 되어도 허물이 없겠구나."

연곡 스님은 한용운을 정식으로 스님으로 인정하고 '용운'이라는 법명을 지어 주었다.

얼마 후 한용운은 또 같은 백담사에 있는 영제 스님에게서 스님으로 지켜야 할 수백 가지 계율을 약속하는 수계를 받았다. 전영제 스님은 또 '만해'라는 법호를 내려 주었다. 이때부터 사람들에게 알려진 대로 '만해 한용운'으로 불리게 된 것이다.

정식으로 스님이 된 뒤에도 한용운은 백담사에 머물면서 공부를 계속하였다. 같은 절의 학암 스님에게서 '기신론', '능엄경', '원각경' 등의 불경 강의를 들었다.

또한 그 무렵 중국의 중요한 근대 서적인 〈음빙실문집〉을 읽었다. 이 책은 한용운에게 〈영환지략〉만큼 영향을 끼친 중요한 책이었다. 중국 '변법 자강 운동'의 주역인 계몽주의 사상가 양계초가 저술한 것으로 그 속에는 정치·사상·종교·교육·역사·지리·운문·소설 등 한용운이 지금까지 알지 못했던 주옥같은 학문이 담겨 있었다.

한용운은 이 책을 통해 서양 철학자인 칸트·루소·베이컨·데카르트의 사상을 간접적이나마 만나게 된다. 그럼으로써 훗날 백담사에서 탈고한 〈조선 불교 유신론〉에는 그의 서구 사상과 동양 사상이 조화롭게 담긴 개혁 사상이 잘 나타나 있다.

"아, 이 세상에는 설악산만큼 높은 지식들이 있구나!"

한용운은 〈음빙실문집〉을 읽으며 그 광대한 지식과 사상에 감명을 받았다.

한용운이 조용히 불경 공부를 하고 있던 어느 날이었다. 밖에서 소란스러운 소리가 들려와 책을 덮고 문을 열었다.

수행원들이 우르르 따라 나온 걸 보아 지체가 높은 사람들이 찾아온 모양이었다. 나이 든 스님이나 동자승이며 보살들까지 나와 허리를 굽신거리고 있었다.

한용운은 이맛살을 찌푸렸다. 세상이 개화되었다고는 하지만 아직도 지방 관리들은 승려를 천민 취급하였다. 조선 건국 초기부터 유교를 숭상하고 불교를 억압하는 정책을 펼침으로써 불교는 점점 쇠퇴하였다.

한때 승려들의 도성 출입을 막을 정도였다. 임진왜란·정유재란·정묘호란 등 나라가 위급할 때마다 승려들은 승군으로 나가 나라를 지켰지만 불교에 대한 탄압은 그치지 않았다. 불교는 점점 깊은 산속으로 들어가고 부녀자와 민중 속에서 꾸준히 발전해 온 것이다.

하지만 아직도 양반들이나 지체 높은 관리들은 승려들을 속으로 깔보곤 하였다.

한용운은 가부좌를 한 채 눈을 부릅뜨고 그들을 내다보았다. 말하는 품으로 보아 군수가 방문한 모양이었다.

군수는 험악한 인상으로 한용운을 노려보며 소리를 질렀다.

"네 놈은 도대체 누구냐? 거만하기 짝이 없구나."

그 말을 들은 한용운은 대뜸 반말로 물었다.

"왜 욕을 하느냐?"

"뭐라고? 이놈!"

"허어, 거름 냄새 나는 그 입에다 호박을 심으면 잘 자라겠다."

군수는 그만 얼굴이 붉으락푸르락하며 화를 삭이지 못했다.

"넌 도대체 누구냐?"

"나는 한용운이다."

한용운이 계속 반말로 대들자 군수는 있는 대로 화를 냈다.

"너는 군수도 몰라보는가?"

"군수는 네 군수지, 내 군수는 아니다."

"저, 저런 고약한 것을 보았나?"

"불공 드리러 왔으면 가서 부처님한테 머리나 조아릴 것이지, 감히 부처님 대접을 받으려 하다니, 무간지옥에 떨어질 것이다."

한용운이 조금도 굽히지 않자 군수는 할 말을 잃었다. 아마 옛날 같으면 잡아다가 곤장을 때려도 실컷 때렸을 것이다.

군수는 분이 나 펄펄 뛰다가 수행원을 이끌고 돌아갔다.

"이 겁쟁이 중놈들아, 그런 태도로 염불을 하니까 저런 놈들한테 욕을 얻어 처먹지!"

한용운은 그때까지 주변에서 어슬렁거리며 눈치를 살피고 있던 대중들에게 소리를 버럭 질렀다.

그 일에 대해서 큰스님들은 이렇다 저렇다 아무 말도 안 했다.

그러던 어느 날이었다. 아침 공양을 마친 뒤 학암 스님에게 불려 갔다. 그 곁에는 연곡 스님도 있었다.

"건봉사로 가거라. 가서 여름 안거에 참석하거라."

학암 스님은 밑도 끝도 없이 한용운에게 건봉사로 가라고 하였다.

"건봉사라니요?"

"너는 너무 기가 끓는다. 선방에 들어가서 그 기를 죽이도록 하여라. 기란 자고로 부드러워야 힘을 쓰는 법이야. 건봉사에 가서 그 치솟는 기를 다스리는 법을 배우도록 하여라."

학암 스님은 한용운에게 금강산 건봉사로 가라고 하였다. 원래 스님들은 한 절에 오래 머무르지 않았다. 더구나 도를 닦는 젊은 학승들은 여러 절을 두루 돌아보고 큰스님들을 찾아 공부해야 한다. 연곡 스님과 학암 스님도 한용운이 더 많은 불경 공부를 하기 원했던 것이다.

특히 여름 안거는 4월 16일부터 시작하여 7월 15일에 끝난다. 겨울 안거는 10월 16일부터 이듬해 정월 15일까지이다. 승려들이 이 기간 동안 한 곳에 모여 바깥 출입을 삼가며 참선과 수행에 정진하는 것을 안거라고 하였다.

한용운은 두 스님의 권유대로 짐을 꾸렸다. 그렇잖아도 건봉사에서 한번 공부를 하고 싶은 마음이 있던 터였다. 건봉사는 신라 이래의 고찰로 아도 화상이 창건하여 원각사라 하였다가 고려 공민왕 때 나옹 화상이 중수하여 건봉사로 이름을 바꾼, 우리 나라 4대 사찰 가운데 하나였다. 한용운이 건봉사에 가고 싶어했던 것은 그런 화려함 때문이 아니었다.

'음, 건봉사에는 임진왜란 때 휴정 대사의 뒤를 이어 승병 대장이 된 유정 대사가 이끄는 승군 700여 명의 본거지였다지. 또 사명 대사의 치아와 사리가 있다고 했지.'

한용운은 설레는 마음으로 임진왜란 때 왜장들의 가슴을 서늘하게 했던 호국 도량인 금강산 건봉사를 찾아갔다.

한용운은 거기서 만화 스님을 만나 참선에 들어갔다.

건봉사에서의 참선 기간 동안 한용운은 많이 변화했다. 늘 올곧고 강직하기만 하던 그의 마음속에 석가모니와 제자인 가섭이 주고받은 염화미소, 즉 석가모니가 연꽃을 들자 가섭이 미소를 지음으로써 서로 마음이 통한 것처럼 한용운의 마음에도 부드러움이 스며든 것이다.

한용운은 이런 마음을 불경 공부를 하는 틈틈이 시로 지어 냈다.

이렇게 건봉사에서 1년 동안의 참선을 마친 한용운은 이번에는 금강산에 있는 유점사로 옮겨 갔다. 당시 조선 불교계의 일인자인 월화 스님이 있다는 말을 듣고 그쪽으로 발길을 돌린 것이다. 그때가 1908년 봄 한용운의 나이 서른 살 때였다.

유점사에 이르자 전국에서 월화 스님의 설법을 듣고자 학승들이 많이 와 있었다. 모두 내로라 하는 수재들이었다.

한용운은 월화 스님에게서 화엄경에 대해 배웠다.

'화엄경'이란 시공을 초월한 깨달음의 진리를 담은 경전, 즉 인간의 지혜로 쓴 것이 아니라 부처의 지혜로 쓴 경전이었다. 또한 아름다운 꽃들만이 아닌 모든 꽃, 즉 잡초까지 두루 담음으로써 오롯한 대승의 경지를 드러내고 있다. 말하자면 크다 작다, 많다 적다, 좋다 나쁘다, 옳다 그르다는 개념을 한 그릇에 다 담고 있는 게 화엄 사상이었다.

어느 날 월화 스님이 제자들을 보며 말했다.

"그 동안 배운 불경을 제일 많이 외우는 사람에게 중강(제자들 중의 반장)을 시키겠다."

월화 스님의 말에 차례로 나와 불경을 외우기 시작하였다. 하지만 모두 50줄 정도 외다가 중간에서 막히곤 하였다.

마침내 한용운의 차례가 되었다. 한용운이 나서자 모두들 깔보는 듯한 눈길을 보냈다. 제자들 중에서 제일 키가 작고 볼품없게 생긴 외모 탓이었다. 하지만 그들의 예상은 모두 빗나가고 말았다.

"아니, 지금 도대체 몇 줄짼가? 100줄이 넘었잖아!"

그들은 눈을 동그랗게 뜨고는 흐트러짐 없이 꼿꼿한 자세로 불경을 외우고 있는 한용운을 넋을 잃고 바라보았다.

한용운은 거의 500여 줄을 외웠다.

"참으로 장하구나. 하지만 경전을 줄줄 외운들 그게 무슨 소용이 있겠느냐? 한 줄을 읽더라도 그 속에 담긴 깊은 뜻을 깨우치는 게 더 중요한 일이니라."

월화 스님은 행여 젊고 똑똑한 한용운이 자만에 빠지지 않을까 염려하여 다시 한 번 일러 주었다.

"스님, 명심하겠습니다."

이 일로 한용운은 월화 스님을 더욱 가까이 모시고 불경 공부를 하였다. 또 스님을 모시고 운수 행각을 다녀오기도 하였다. 운수 행각이란 여기저기를 구름처럼 떠돌며 도를 닦는 일이었다.

그 무렵 세상은 온통 일본인 차지가 되어 있었다. 백담사 깊은 산속까지 '러일 전쟁'을 통해 러시아 세력을 몰아낸 일본이 조선 조정을 쥐고 흔든다는 가슴 아픈 소리가 들려왔다.

전쟁에서 진 러시아는 일본과 강화 조약을 맺고 조선에서 완전히 손을 떼는 것은 물론 랴오둥 반도마저 일본에 넘겨주었다. 점점 기세

가 등등해진 일본은 조선의 대신들을 협박하여 '을사 보호 조약'을 맺고 조선의 외교권을 빼앗아 갔다. 말하자면 나라의 주권을 일본에게 강탈당한 것이다.

그뿐 아니라 서울에는 일본의 통감부라는 게 설치되어 이 모든 일의 원흉인 이토 히로부미가 통감으로 버티고 앉아 이 나라의 모든 일을 지시하고 감독하였다.

'아, 이제 이 나라는 어찌 되려는 것일까? 이제 조선의 자주 독립의 길은 점점 멀어지는 게 아닌가?

한용운은 나라의 운명이 그저 안타깝기만 하였다.

그 무렵 불교계에도 큰 변화가 불어 오고 있었다. 원흥사에서 결성한 불교 연구회가 일본 정토종의 색채를 띠자, 몇몇 뜻있는 전국 승려 52명이 모여 '원종'이라는 교단을 세웠다. 즉, 조선 불교의 독립 교단이 필요하다는 뜻에서 만든 것이다.

이 일에는 한용운이 존경하는 학암 스님과 박한영 스님도 가담하였다. 그런데 이게 어찌 된 일인가? '원종'은 일진회 회장 이용구의 추천으로 일본 조동종 승려를 고문으로 받아들였다.

유점사에서 불경 공부를 하던 한용운은 이 소식을 듣고 깜짝 놀랐다. 문득 블라디보스토크에서 일진회의 앞잡이로 오해를 받아 죽을 뻔한 일도 떠올랐다.

'안 되겠다. 일본으로 가자! 적을 모르고 싸우는 것은 마치 눈을 감고 싸우는 것과 마찬가지이다. 직접 가서 눈으로 일본 조동종의 실

체를 알아봐야겠다.'
 한용운은 호랑이를 잡으려면 호랑이 굴에 들어가야 한다고 생각했다. 그런 한용운에게 일본으로 갈 기회가 찾아왔다. 일본 조동종 불교 사절이 조선의 사찰을 순례하러 유점사에 들렀을 때 월화 스님이 한용운을 일본에 갈 수 있도록 주선해 준 것이다.

10. 현해탄을 건너 일본으로

    1908년 4월, 마침내 한용운은 부산항에서 현해탄을 건너 시모노세키로 향하는 부관 연락선에 올랐다. 아침이 되자 배는 시모노세키 항구에 닿았다.
    한용운은 시모노세키를 거쳐 도쿄의 조동종 종무원을 찾아갔다.
    "아, 만해 스님, 잘 오셨슈니다."
    조동종의 대표자인 히로쓰는 한용운을 반갑게 맞아 주었다.
    한용운은 그곳에서 조동종 교과가 운영하는 코마자와 대학에 입학히어 우선 일본어와 불교를 공부하였다. 그리고 당시 일본 지식인들을 휩쓸었던 서양 철학과 천전 교수의 불교 강의를 들었다.
    일본 조동종의 모습을 하나하나 살펴본 한용운은 속으로 놀랐다.
    '아, 조선의 불교는 그 동안 너무 서당식 교육에 의존하였구나.'
    일본 조동종은 이미 근대적 고등 교육의 학제에 의해서 승려들을 가르치고 있었다. 조선의 승려들 중에는 경전도 제대로 읽을 줄 모른 채 오로지 참선만을 일삼는 승려들이 많은데 일본의 승려들은 불교 학교에서 철저히 불경을 공부했다.

더군다나 일본은 조선에서 건너간 화엄 사상을 일본에 맞게 받아들여 일본인의 정신적인 신앙으로 발전시켰다. 임진왜란, 정유재란 때 조선에서 끌고 간 도공들에게서 도자기 기술을 배워 일본 도자기 문화를 꽃피운 것이나, 중국에서 전래된 차 문화를 한 단계 높여 도의 세계로 발전시킨 것과 마찬가지로, 조선이 불교를 억압하고 있을 동안 일본은 화엄경을 생활 정신으로 뿌리내린 것이다.

'일본을 얕잡아보다가는 오히려 큰코다치겠구나.'

한용운은 호랑이 굴에 들어가도 정신만 바짝 차리면 산다는 속담을 떠올리며, 조동종이 베푸는 모든 호의를 다 받아들였다. 그러면서도 조동종에서 본받을 점을 하나하나 꼼꼼히 수첩에 적어 두었다.

한용운은 일본 불교를 공부하면 할수록 조선 불교가 얼마나 깊은 잠에 빠져 있는가를 깨달을 수 있었다.

'조선의 불교도 크게 변해야 한다.'

한용운은 날이 갈수록 개혁에 대한 생각이 깊어 갔다.

한편, 그 무렵 일본에는 많은 한국의 젊은이들이 유학 와 있었다. 어느 날 한용운은 '대한학회'라는 조선인 단체의 모임에서 최린을 만났다. 최린은 그 당시 유학생회 회장을 맡고 있었으며 메이지 대학 법학과에 다니고 있었다.

"반갑습니다. 일본에는 오래 머무를 계획인가요?"

"호랑이를 잡으려고 굴 속에 들어왔으나 아직 어디가 어딘지 통 모르겠소. 좀더 두루 살펴볼 참이오."

"하하하, 스님의 담력이 대단하십니다."

둘은 마주보며 껄껄 웃었다.

한용운은 최린이 첫눈에도 대단히 야망이 있고 그릇이 큰 인물임을 느꼈다. 최린 또한 한용운의 기개가 마음에 들었다.

"만해 스님, 일본에 계시는 동안 자주 만나서 조국에 관한 이야기를 나눕시다."

"그럽시다!"

두 사람은 굳은 악수를 하고 헤어졌다. 그리고 그 후 시간이 날 때마다 만나 시국과 나라의 장래에 대한 이야기를 나누곤 하였다.

어느 날 한용운은 고향인 규슈에 간다는 일본 사람을 따라나섰다. 불교 학교에서 공부하는 것도 중요하지만 우선 일본의 안팎을 두루 구경하고 싶었다. 그런데 일행이 시모노세키에 닿았을 때 관부 연락선을 타고 조선으로 가려는 일본 사람들이 보였다.

"저 사람들은 무엇 때문에 조선으로 가는 겁니까?"

"예, 측량 기사들입니다."

"무슨 측량을 하러 갑니까?"

"토지의 모양과 넓이 같은 걸 재는 것입니다."

한용운은 정신이 번쩍 들었다.

'도대체 저들이 왜 남의 나라 땅 넓이와 모양을 재는가.'

한용운은 문득 의심이 생겼다. 하긴 조선 개항의 도화선이 된 운요호 사건도 일본이 조선의 서해안에 들어와 몰래 바다의 수심을 측량

하다가 일어난 일이 아닌가?

'자기 나라도 아닌 남의 나라 땅 모양을 조사한다는 것은 다 속셈이 있어서일 것이다. 이러다 큰일 나겠구나.'

한용운은 가슴이 답답해졌다. 그 당시 조선인들은 셈에 그리 밝지 못했다. 자기 땅도 그 넓이를 자로 재는 게 아니라 그저 몇 마지기라고 해서 큰 덩어리로만 셈하였다. 하지만 이제 문호가 개방되고 외국 자본이 들어오기 시작했으니 셈을 정확하게 해야만 했다. 그러려면 땅 주인이 자기 땅 모양을 먼저 알고 있어야 할 것이다.

'그래, 귀국하면 제일 먼저 측량학을 가르치자. 땅덩이의 규모를 모르고서는 세계성을 가질 수 없다.'

한용운은 굳게 다짐을 하였다. 그리고 도쿄로 돌아오자마자 측량에 대해 공부하며 측량 도구들을 사들였다.

마침내 여름이 지나고 가을이 되었다. 어느 날 최린과 만난 한용운이 말했다.

"이제 고국으로 돌아가겠소. 고국에 가서 해야 할 일들이 산더미같이 많소이다. 우선 불교를 개혁해야 하오. 그래서 일본을 비롯한 구미 열강의 틈바구니에서 우왕좌왕하고 있는 불쌍한 백성들에게 정신적 길잡이가 되어야 하오. 그게 바로 나라를 위한 일이 아니겠소?"

"옳은 말씀입니다. 저도 하루빨리 돌아갈 터이니 우리 나라와 민족을 위해 몸과 마음을 다 바쳐 일해 봅시다!"

한용운과 최린은 뜨겁게 다짐하였다.

11. 조선의 불교여, 깊은 잠에서 깨어나라

한용운은 6개월간의 일본 여행을 마치고 다시 설악산 건봉사로 돌아왔다. 마침 그곳에는 학암 스님이 내려와 있었다. 한용운은 일본으로 떠나기 전에 월화 스님에게 배우던 〈화엄경〉과 〈반야경〉 공부를 마쳤다.

하지만 한용운이 일본에 머무는 동안 조선은 많이 변해 있었다. 일본이 조선의 일에 깊숙이 관여하고 있었고, 동양 척식 주식회사를 세워 본격적인 토지 수탈을 시작하고 있었다.

"아, 일본은 조선을 야금야금 갉아먹고 있구나!"

한용운은 점점 마음이 급해졌다. 이렇게 산속에 앉아 불경 공부만 할 때가 아니었다. 시모노세키 항에서 보았던 일본인 측량 기술자들의 모습이 떠올랐다.

"안 되겠다. 당장 서울로 가서 측량 교육을 시켜야겠다."

한용운은 학암 스님께 하직 인사를 드리고 서둘러 길을 떠났다.

차가운 공기가 옷 속을 파고들고 눈길은 마냥 미끄러웠다. 하지만 측량기를 짊어진 한용운은 쉬임 없이 걷고 또 걸었다.

서울에 도착한 한용운은 아는 사람을 찾아가서 다짜고짜 가게 하나를 내 달라고 하였다.

"아니, 스님이 가게는 뭐 하시려구요?"

"측량소를 차려야겠소. 일본은 지금 동양 척식 주식회사라는 걸 만들어 놓고 조선의 땅을 야금야금 훔쳐 가고 있소. 일본의 측량 기사들이 남의 나라 땅을 마구 재고 돌아다니는데 땅 주인이 자기 땅이 얼마나 되는지 모른대서야 말이 되겠소?"

그 말에 가게 주인은 두말없이 가게를 내주었다.

한용운은 그 해 12월 마침내 '경성 명진 측량 강습소'를 열고 소장에 취임하였다.

'가만히 앉아서 개인의 땅이나 사찰의 땅까지 빼앗길 순 없다!'

한용운은 강습소를 찾아오는 사람들에게 측량 기술을 하나하나 가르쳤다. 그러는 틈틈이 동양 철학이며 불경도 가르쳐 주었다. 뿐만 아니라 사찰을 찾아다니며 승려들에게도 측량 기술을 가르쳐 주었다. 사찰의 땅이 정확히 얼마인지도 모르던 승려들을 깨우쳐 주기 위함이었다.

이듬해 여름, 강습소를 다른 사람에게 맡긴 한용운은 금강산 '표훈사'의 불교 교리 강사가 되었다. 거기에서 한용운은 학생 승려들을 가르치며 조선 불교의 부흥을 크게 외쳤다.

"지금 조선의 불교는 깊은 산속에 들어박혀 깊은 잠에 빠져 있습니다. 이제 우리는 그 잠에서 깨어나야만 합니다. 그리고 저 바깥 사람들에게 불법을 전파하여 대중을 널리 구제해야 합니다. 우리는 지금 산속에 들어앉아 염불만 하고 있을 때가 아닙니다."

한용운은 목소리를 높여 외쳤다.

그러던 중 1910년 8월 29일이었다. 그 동안 음흉한 계략을 꾸미던 일제는 강제로 '한일 합방 조약'을 맺고는 우리 나라의 통치권을 송두리째 빼앗아 버렸다. 이제 조선이라는 나라는 없어지고 일본 총독부가 나라를 다스리게 된 것이다.

"아아, 나라가 망했구나! 나라가 망했어!"

한용운은 통곡을 하며 울었다. 하지만 철없는 학승들은 공양 시간에 다른 때와 다름없이 밥을 먹고 있었다.

"이 밥버러지 같은 중놈들아! 나라가 망했는데 밥이 목구멍으로 넘어가느냐!"

한용운은 공양 주발을 뒤집어엎으며 호통을 쳤다.

한용운은 1년 여 동안 머물던 표훈사를 떠나 1910년 9월 경기도 장단의 불교 학원인 '화산 강숙'의 강사로 취임했다. 그곳에서도 한용운은 열심히 강의와 연설을 하였다.

"우선 불교가 새롭게 태어나야 합니다. 수만 권의 불경을 쌓아 놓아 봐야 소용없습니다. 승려의 입을 통해서, 승려의 행동을 통해서 그것이 실천으로 옮겨져야 합니다. 그러려면 불합리한 불교의 현실을 하나하나 파괴해야 합니다."

한용운은 이렇게 낡은 불교를 파괴하는 일을 최우선 과제로 삼았

다. 한편, 한용운은 승려의 결혼 금지 계율을 없애자는 놀라운 제안을 하였다.

"승려들도 결혼을 해야 합니다. 그래서 대중 속으로 들어가 불법을 전하고 대중의 고통이 무엇인지 깨달아야 합니다."

그 말을 듣자 불교계는 발칵 뒤집혔다.

"아니, 중한테 장가를 가란 말이야? 저런 발칙한 땡중이 있나!"

완고하고 낡은 생각을 가지고 있던 당시의 승려들은 노발대발하였다. 아예 한용운을 승적에서 없애자는 승려도 있었다. 그만큼 한용운의 주장이 파격적이었던 것이다.

한용운은 자기의 주장에 불교계가 벌집을 쑤셔 놓은 것처럼 혼란스럽자 곰곰 생각을 하였다.

'말로 해서는 안 되겠다. 내 생각과 주장을 차근차근 글로 써서 나타내자.'

한용운은 모든 활동을 그만두고 다시 백담사로 돌아왔다. 그리고 그 날부터 방에 틀어박혀서 일본에서부터 틈틈이 쓰기 시작했던 〈조선 불교 유신론〉을 쓰기 시작하였다. 말하자면 '조선 불교의 모든 걸 고쳐 새롭게 하자, 묵은 제도를 아주 새롭게 고치자'는 뜻이었다.

그렇게 백담사에 틀어박혀 '유신론'을 쓰고 있는 한용운의 귀에 또다시 조선 불교의 원종 이회광이 일본 조동종과 연합하기 위해 일본으로 떠났다는 소식이 들려왔다.

"뭐야? 조선 불교를 일본 불교와 합한다구?"

한용운은 쓰고 있던 붓을 내동댕이쳤다. 나라를 합병하더니 이젠 또 불교마저 일본의 아가리에 통째로 갖다 바치는 꼴이었다.

"아, 조선 불교는 잠을 자고 있는가! 깨어라, 조선의 중들아!"

한용운은 설악산이 떠나가도록 쩌렁쩌렁 소리를 질렀다.

한용운은 끓어오르는 분노를 억누르며 〈조선 불교 유신론〉을 마무리하였다. 마침내 한용운은 32세가 되는 1910년 9월 백담사에서 불후의 명작을 탈고한 것이다.

〈조선 불교 유신론〉은 조선 불교 내부의 큰 문제를 크게 18개 장으로 나누어 두루 다루었다. 그 목차를 보면 다음과 같다.

1장 서문

2장 서론

3장 불교의 성질

4장 불교의 주의

5장 불교 유신은 파괴로부터 시작한다

6장 승려들의 교육

7장 참선

8장 염불당 폐지

9장 포교

10장 사원의 위치

11장 불가에서 숭배하는 불상과 불화

12장 불가의 각종 의식

13장 승려의 인권 회복은 반드시 생산 활동으로부터

14장 불교의 앞날과 승려의 결혼 문제와의 관계

15장 주지의 선거 방법

16장 승려의 단체

17장 사원의 통할

18장 결론

〈조선 불교 유신론〉은 한용운이 일생 동안 쓴 책 중에서 가장 명저로 꼽히는 책이다. 그 책을 읽는 사람마다 한용운의 폭넓은 학식과 뛰어난 문장, 명쾌한 논리 전개에 감탄을 금치 못했다. 하지만 이렇게 훌륭한 저서가 3년 동안이나 빛을 보지 못했다. 당시 한용운의 주장이 너무 파격적이라 대부분의 승려와 대중들이 이해하지 못했던 탓이다. 그래서 3년이나 지난 1913년 5월 불교서관에서 발행하게 되었다.

그 무렵, 일본에 간 종정 이회광은 조동종 관장과 합의하여 조선 원종과 일본 조동종의 연합 맹약을 합의하고 조약 7개조를 작성하여 체결하였다. 그리고 이회광은 1911년 봄, 서울의 동대문 밖 '원흥사'에서 전국의 불교도들을 모아 큰 대회를 연다고 하였다.

이에 분개한 스님들이 승려 대회를 연다는 소식이 들렸다.

"이 일에는 구암사의 정호 스님도 참가하십니다."

그 말을 들은 한용운은 깜짝 놀랐다. 정호 스님은 바로 한용운이 블라디보스토크에서 돌아올 때 잠시 머물던 석왕사에 있던 박한영 스님이기 때문이었다.

한용운은 박한영 스님과 밤을 밝히며 시국을 걱정하던 일이 생생하게 떠올랐다.

'가만히 두고 볼 수는 없는 일이다.'

한용운은 우선 박한영 스님을 찾아갔다.

"용운 화상, 이거 참, 오랜만이네."

"스님, 나라가 망했소이다! 나라가 망한 것도 분통이 터질 지경인데 1600년이나 된 조선 불교까지 일본놈들 발밑으로 들어가려 하오이다. 이 노릇을 어찌하오리까!"

"용운 화상, 다 되찾읍시다! 잃었으면 반드시 되찾아야지요! 용운 화상의 유신론도 그래서 필요한 게 아닙니까! 지금 용운 화상의 유신론 바람이 이 산골짜기까지 불어오고 있어요."

"과분한 칭찬이십니다. 소승은 다만 우리 불교를 위해 이 목숨을 바치고 싶을 뿐입니다. 그게 바로 우리 불교가 살고, 우리 나라가 사는 길이니까요."

"우리 다시 한 번 해 봅시다. 사찰을 돌면서 강연을 해 봅시다!"

한영 스님은 한용운을 든든한 동지로 여겼다. 그러곤 진진응, 장금봉, 김종래 등과 함께 사찰 순례를 나섰다. 마침내 몇 군데 사찰을 거쳐 1911년 1월 15일 송광사로 갔을 때였다. 그야말로 영·호남쪽 승려들이 구름같이 몰려왔다.

한용운은 젊은 승려와 동지 앞에서 우렁차게 외쳤다.

"여러분! 우리 불교는 1600년이나 되는 오랜 전통을 지니고 있습니다. 일본 불교는 모두 우리에게 배워 간 것입니다. 그런데 스승인 조선의 불교가 제자인 일본 불교 밑에 들어가 저들을 받들어 섬기는 꼴이 되다니 그게 말이 됩니까?"

"옳소, 옳소!"

"정말 대단한 스님이다!"

한용운의 설법을 들은 젊은 승려들은 감탄하였다. 일본의 기세에도 굴하지 않고 막힘 없이 술술 자기 주장을 내세우는 모습에 감동하여 모두 불교 개혁에 동참하였다.

한용운은 마침내 뜻을 같이하는 승려들과 힘을 합해 이회광 무리를 조선 불교의 난적(난을 일으킨 도적)으로 규탄하였다. 그리고 한·일 불교 동맹 조약의 체결을 깨뜨릴 것을 결의하고 '임제종'이라는 새로운 종단을 창설하였다.

또한 송광사 승려 대회를 열어 크게 성공한 한용운은 다시 동래 범어사로 가서 승려 대회를 열고 조선 임제종 종무원을 설치하였다. 결의에 따라 3월 16일 조선 임제종 관장에 취임하였다. 그리고 서울로 올라오는 길에 대구에 들러 또 강연을 함으로써 돌풍을 일으켰다.

마침내 이회광 일파는 원흥사에서 열리던 승려 대회를 취소하고 말았다. 한용운의 기세에 눌린 것이다. 이로써 조선 불교는 한 차례 큰 위기를 넘겼으며 한용운은 조선 불교의 큰 인물로 떠오르게 되었다.

12. 만주로 떠나다

　불교의 개혁과 조선의 독립을 외치던 한용운은 1911년 8월 대삿갓을 쓰고 바랑 하나만 걸머멘 채 홀연히 만주를 향해 길을 떠났다. 그의 나이 33세 때의 일이었다.
　"가자! 드넓은 만주 땅으로 가 보자. 내 비록 중의 행색일망정 우리 동포가 흩어져 살며 조국 광복을 외치고 있는 만주와 시베리아를 돌아다니며 동지들을 만나 막막한 앞길을 의논하고 위로하리라!"
　한용운은 굳은 결심을 하고 함경북도를 거쳐 두만강을 건넜다.
　한용운은 조국을 떠나는 감회가 새삼스러웠다. 블라디보스토크나 일본으로 갈 때와는 전혀 다른 심정이었다. 그때는 그래도 대한제국 국민의 신분을 지니고 있었다. 하지만 지금은 대한제국이 사라졌다. 일본의 식민지 반도인으로 떠나는 것이다.
　'어찌하여 내 조국을 남의 손에 넘겨줘야 했단 말인가.'
　눈물이 저절로 뺨을 타고 흘렀다. 한용운은 조선의 독립이 그 무엇보다 필요하다는 걸 새삼 깨달았다.
　마침내 한용운은 만주의 독립 지사들을 찾아갔다. 그 당시 만주에는 수많은 애국 지사들이 망명해서 독립운동을 벌이고 있었다. 신흥 학교를 세운 이회영·이시영·이상룡뿐 아니라 박은식·김동삼·이동하·이동녕 같은 쟁쟁한 독립운동가들도 있었다.

"정말 잘 오셨소. 이곳 망명 조선인들에게 정신적 희망을 불어넣는 일이 시급하던 참입니다. 대종교와 천도교, 그리고 기독교가 미미하게 활동을 하고 있으나 좀더 적극적인 종교 운동이 필요한 때입니다."

"그렇소. 일찍이 서산, 사명 대사도 나라가 어지러울 때 구국 운동에 앞장서지 않았습니까?"

이시영·이동녕·김동삼·이상룡 등은 한용운을 반갑게 맞아 주었다. 그들은 모두 만주 땅에다 의병 학교를 세우고 때가 오기를 기다리는 독립 지사들이었다.

그 중에서 한용운은 특히 김동삼과 많은 이야기를 나눴다.

"한 동지, 무엇보다 교육이 중요합니다. 까막눈이 무서운 게 아니라 사상이 없는 지혜가 무서운 것입니다. 의병 학교를 두루 다니며 그 힘 있는 연설로 사기를 드높이고 독립 의지를 불어넣어 주오."

"김 동지의 뜻을 잘 알겠소이다."

김동삼은 한용운의 손을 꼭 잡았다.

둘은 그 후에도 서로 목숨을 바쳐 나라를 되찾는 일에 나서자고 만날 때마다 굳게 다짐하였다.

한용운은 다음 날부터 의병 학교와 여기저기 흩어져 있는 조선인 촌을 돌아다니며 강연을 하였다. 젊은 독립군들에게 용기를 심어 주고 민족 정기를 일깨우는 연설이었다.

"여러분! 조국을 떠나 이 낯선 만주 벌판에서 불철주야 애쓰는 여러분의 우국 충정을 깊이 존경합니다. 오늘 흘린 여러분의 이 한 방울의 피와 땀은 마침내 큰 바다를 이루어 일본의 총칼도 능히 물리칠 수 있을 것입니다."

그의 힘 있는 달변에 가는 곳마다 우레와 같은 박수가 쏟아졌다.

그러던 어느 날, 한용운이 조선인 마을을 떠나 굴라재를 넘어가고 있을 때였다. 재는 높지 않았으나 하늘을 찌를 듯한 나무들이 우거져 있어 음산한 기운이 감돌았다. 그런데 마을을 떠날 때부터 청년들 몇이 뒤를 밟는 게 아닌가.

"그대들은 왜 내 뒤를 밟는가?"

"이곳은 조선인 촌 가운데서도 벽지로 이름난 곳입니다. 산짐승이 우글거리기도 하지만 마적단들이 자주 나타나지요. 스님도 몸조심하세요."

"중을 잡아다 뭣에 쓰게."

"왜놈 앞잡이들이 중 옷을 입고 다니거든요."

한 청년이 빈정대듯 말했다. 하지만 한용운은 아무렇지도 않은 듯 앞장서서 굴라재 정상에 올랐다. 그때였다.

"이놈, 일진회 정탐꾼아! 네가 무슨 중이냐, 왜놈의 앞잡이지!"

갑자기 등 뒤에서 고함 소리와 함께 귀를 찢는 총소리가 들렸다.

"탕!"

한용운은 귓가에 서늘한 바람을 느꼈다.

"탕!"

두 번째 총소리를 듣는 순간 한용운은 뒷머리가 빠개지는 듯한 아픔을 느꼈다.

"으윽……."

뒷덜미에 손을 갖다 대니 시뻘건 피가 줄줄 흐르고 있었다. 그제야 한용운은 청년들을 돌아다보았다.

"이…… 이노옴들……."

하지만 목소리가 제대로 나오지 않았다.

한용운은 피를 철철 흘리며 땅바닥에 풀썩 쓰러졌다. 마치 몸 반쪽을 떼어 간 듯 아팠다. 그렇게 한참 시간이 지났다. 그러자 마치 온몸의 피가 다 빠져나간 것처럼 아픔이 사라지고 꿈결같이 포근한 기분이 들었다.

한용운은 마치 뭉게구름을 타고 어디론가 흘러가는 느낌이었다.

그때였다. 캄캄한 어둠 속에서 한 줄기 빛이 환하게 쏟아지더니 손에 꽃을 든 한 어여쁜 여인이 나타나는 게 아닌가. 그 여인은 한용운을 바라보며 인자하게 미소를 지었다. 바로 관세음보살이었다.

"아아!"

관세음보살의 미소는 한용운의 아픔을 순식간에 사라지게 했다.

관세음보살은 한용운에게 말했다.

"일어나거라. 목숨이 왔다 갔다 하는데 여기 이렇게 누워 있으면 안 되느니라. 어서 일어나거라, 어서!"

그러면서 관세음보살은 들고 있던 꽃을 한용운에게 던져 주었다.

한용운은 꽃 향기를 맡는 순간 정신이 번쩍 들었다. 눈을 뜨니 관세음보살은 온데간데없이 사라졌다.

"아아, 관세음보살님!"

한용운은 꿈결에 관세음보살을 불렀다.

한용운은 그제야 가만히 일어나 오던 길을 되짚어 마을 쪽으로 걸어갔다. 그러고는 피투성이가 된 채 어느 집 마당으로 들어서자마자 그대로 풀썩 쓰러졌다. 그 집은 만주족의 집이었다.

"아니 도대체 이게 어찌 된 일이오?"

마침 마당에서 잔치를 벌이고 있던 만주족 사람들이 깜짝 놀라 달려왔다.

그때 다시 뒤를 밟던 청년들이 들이닥쳤다. 한용운은 피를 철철 흘리며 벌떡 일어나 외쳤다.

"쏴라, 어서 총을 쏠 테면 또 쏴라!"

그러자 청년들은 그대로 사라지고 말았다.

"이렇게 피를 흘리고도 정신이 말짱하다니 정말 대단한 사람이야!"

만주족 사람들은 옷을 찢어서 한용운의 머리를 싸매 주었다. 그리고 그를 조선인 마을로 데려다 주었다.

한용운은 조선인 마을에 와서 다시 치료를 받았다.

"상처가 너무 깊습니다. 아무래도 수술을 해야겠어요. 머리뼈가 으스러지고 총알이 박혀 있어요. 그런데 마취약이 없어서 어쩐담……."

조선인 의사는 고개를 갸웃거렸다.

"나는 괜찮으니 그냥 수술하시오."

한용운이 담담하게 말했다.

"아니, 으스러진 뼈를 주워 내고 긁어내야 하는데도요?"

"사내 대장부가 그만한 아픔쯤 못 참겠소. 어서 하시오."

한용운의 말에 의사는 마지못해 수술을 하였다.

살을 베고 으스러진 뼈를 끄집어내는 바각바각하는 소리가 한용운의 귀에도 들렸다. 하지만 한용운은 어금니를 꽉 깨문 채 아픔을 참아냈다. 오히려 수술을 하는 의사의 이마에 땀방울이 맺혔다.

"아, 이 사람은 살아 있는 부처다!"

수술을 끝낸 의사는 벌어진 입을 다물지 못했다.

"정말 잘 참으셨습니다. 하지만 총알 하나는 너무 깊이 박혀 있어 뽑지 못했습니다. 수술 도구가 시원찮은 탓이지요. 하지만 생활하는 데 큰 지장은 없을 겁니다."

"쇠가 박혔으니 머리통이 더 단단해지겠지요."

한용운은 대수롭지 않게 말했다.

얼마 후 이 소식을 듣고 김동삼이 부리나케 달려왔다.

"한 동지, 정말 미안하오, 미안해! 젊은 동지는 그만 한 동지가 일본 놈들의 밀정인 줄 알고…… 내 이놈들을 당장 잡아다가 혼구멍을 내주겠소."

김동삼은 총을 쏜 청년들을 끌고 왔다.

"저희들이 큰 스님을 몰라뵙고 정말 죽을 죄를 졌습니다. 용서해 주십시오."

청년들은 누워 있는 한용운 앞에 엎드려 벌벌 떨며 사죄를 하였다. 그들은 그 당시 일진회가 단발령에 앞서서 군대와 똑같이 머리를 깎았으므로 한용운의 삭발한 머리를 보고 일진회로 여긴 것이었다.

"뭐 그럴 게 있나? 청년 아무 걱정 마오. 나는 독립군이 그처럼 씩씩

한 줄은 몰랐구려. 이제 마음을 놓게 됐소. 조선 독립은 그대들 같은 용사가 있어서 정말 낙관적이오. 허허!"
한용운은 화를 내기는커녕 오히려 빙그레 웃었다.
"스님!"
청년들은 더욱 감동하여 몸 둘 바를 몰랐다.
한용운은 그 마을에서 한동안 치료를 받았다. 김동삼은 온갖 정성을 다해 한용운을 보살펴 주었다. 하지만 한용운은 그때 입은 상처로 죽을 때까지 체머리를 휘휘 흔들며 살아야 했다.
몸을 회복한 한용운은 다시 독립군 훈련소와 조선인 촌을 돌아다니며 조선 독립에 대한 강연을 하였다. 그러다가 러시아 땅 시베리아로 가서 하바로프스크 등 동포들이 모여 사는 곳을 찾아다니며 연설을 하여 용기를 북돋워 주다가 이듬해 봄 서울로 돌아왔다.

13. 알기 쉽게 쓴 팔만대장경

 고국으로 돌아온 한용운은 양산 통도사로 내려갔다. 통도사에 보관 중인 대장경을 열람하여 그걸 많은 사람들이 읽기 쉬운 〈불교 대전〉으로 고쳐 쓰는 일이 무엇보다 급했다.
 '아무리 좋은 경전이라도 일반 대중이 읽지 못하면 한낱 종잇조각에 불과하다. 누구나 읽기 쉬운 경전으로 만들어야 한다.'
 한용운은 자신의 주장인 불교 유신을 뒷받침하기 위해서도 경전을 대중화하는 일이 꼭 필요했다. 하지만 불교에 대한 독실한 신앙과 해박한 지식, 불교 개혁을 향한 철저한 의지 없이는 절대 불가능한 일이었다.
 한용운은 우선 〈팔만 대장경〉 1511부 6802권을 낱낱이 열람하여 경(經) · 율(律) · 논(論)을 뽑아내어 요약하였다. 다른 사람들은 평생을 걸려도 한 번 다 읽어 볼까 말까 한 어려운 〈팔만대장경〉을 모조리 읽고 재구성한 것이다. 이 일은 참으로 엄청난 작업이었다. 하루 20권씩 그냥 읽는다고 하여도 1년이 걸리는 일이건만, 그는 그냥 대충 읽는 정도가 아니었다.

마침내 이듬해인 1914년 봄, 한용운은 〈팔만대장경〉을 다 정리하여 〈불교 대전〉이라 이름 붙이고 범어사에서 간행하였다. 이 〈불교 대전〉은 전 해에 간행된 〈조선 불교 유신론〉과 함께 한용운이 이룬 또 하나의 위대한 업적이었다.

그 해 8월 한용운은 또 '조선 불교회' 회장으로 취임하여 한국 불교계의 큰 인물로 여러 곳을 다니며 강의를 하였다. 또한 이듬해인 1915년에는 영남 · 호남 지방의 내장사 · 화엄사 · 해인사 · 통도사 · 송광사 · 범어사 · 쌍계사 · 백양사 · 선암사 등지를 돌아다니며 불교 유신론에 대한 강연회를 열어 열변으로 청중들을 감동시켰다.

"여러분, 우리는 다시 일어서야 합니다. 똑바로 정신을 차려야 합니다. 그러려면 무엇보다 정신 무장을 해야 합니다."

단상 위에 올라선 한용운은 비록 키가 작았지만 목소리는 쩌렁쩌렁했다. 듣는 이들은 저마다 힘과 용기를 얻었다.

"자네, 용운 스님의 강연을 아직도 못 들었나? 그렇다면 한번 가 보세나."

박한영 스님도 만나는 젊은이들에게 권할 정도였다.

어느새 한용운은 그 당시 최남선, 이상재 들과 함께 강연을 잘하는 명사가 되었다. 또한 그 무렵 강연을 하는 틈틈이 여기저기에 글을 발표하여 문필가로서도 이름을 얻기 시작하였다.

1917년 12월 한 해가 저물어 갈 무렵, 한용운은 설악산 오세암으로 들어갔다. 바쁘게 떠돌던 마음을 가라앉히고 '동안거'에 들기 위해서

였다.

어느새 설악은 온통 하얀 세상이 되었다. 찾아오는 사람들도 없고 사방은 조용하기만 했다. 한용운은 마치 고향에 돌아온 듯 마음이 편안했다. 고향 홍주를 떠나 처음 찾아온 곳이 바로 오세암 아니었던가. 이곳에서 불목하니 노릇을 하며 불경을 읽던 일들이 주마등처럼 떠올랐다. 김시습의 〈십현담〉을 발견했을 때의 떨리던 마음이며 백담사 연곡 스님을 만났던 일들…….

한용운은 밤이 깊도록 가부좌를 한 채 조용히 참선에 빠져 들었다. 그때 어디선가 한 줄기 바람이 불어 왔다. 솜털같이 부드러운 바람이었다. 그때였다.

"쿵!"

참선에 들어 있던 한용운은 그 바람결에 물건이 '쿵' 하고 떨어지는 소리를 들었다. 그 소리는 마치 이 세상을 송두리째 바꿔 놓을 듯 크게 들렸다.

"아!"

그 순간 참으로 이상한 일이 일어났다.

한용운은 막혔던 마음이 환하게 열리고, 온몸이 떨리는 듯한 감동을 맛보았다. 물건이 떨어지는 소리에 마음의 문이 활짝 열리고 모든 의심하던 마음이 씻은 듯이 사라진 것이다. 그것은 바로 '돈오'의 순간이었다. 지극히 도가 높은 스님들이나 얻을 수 있는 깨우침의 최고의 경지였다.

한용운은 떨리는 손으로 그 기쁨을 '오도송' 이라는 한시로 남겼다.

사나이 이르는 곳 어디나 고향인데
그 많은 사람들 얼마나
나그네 시름으로 이를 모르는가
한 소리 크게 깨침에
삼천 세계가 다 열리니
눈 속의 저 아름다운 복숭아 꽃잎
한잎 한잎 붉었구나

한용운은 '오도송'을 읊으며 덩실덩실 춤을 추었다. 몸이 새털처럼 가볍게 느껴졌다. 이렇게 한용운은 오세암에서 동안거를 하는 동안 '오도송' 뿐만 아니라 많은 한시를 지었다.

14. 폭풍이 불어오기 전

　다시 서울로 돌아온 한용운은 1918년 여름, 여기저기서 자금을 구해 종로구 계동 43번지에다 집을 한 칸 얻었다. 오랫동안 생각해 오던 우리 나라 최초 불교 잡지인 〈유심〉을 간행하기 위해서였다.
　마침내 그 해 9월 한용운은 편집인 겸 발행인이 되어 〈유심〉 창간호를 발간하였다.
　한용운은 그 잡지에 자기의 주장을 펴는 논설과 시를 발표하였다. 이때에 발표한 한용운의 시는 우리 나라 시 문학사상 그 가치와 뜻이 대단히 큰 것이었다. 또 이 잡지는 교양지로서 우리 문학사상 최초의 동인지 〈창조〉보다 반년이나 앞선 것이었다. 하지만 안타깝게도 잡지를 꾸려 나갈 형편이 못 되는 한용운은 〈유심〉 3호를 끝으로 그 해 12월 폐간하고 말았다.
　어느 틈에 1919년 기미년 새해가 밝아 왔다. 그 무렵 세계는 제1차 세계 대전이 끝나고 1월 18일에 파리에서 전후 문제를 평화적으로 처리하기 위한 강화 회의가 열렸다. 이 자리에서 미국 윌슨 대통령은 '민족 자결주의'를 내세워 독일에 점령되어 식민지로 있던 나라들이 그 민족 스스로의 결정에 의해 독립을 하도록 해야 한다고 주장했다.
 윌슨의 민족 자결주의는 조선의 뜻 있는 사람들에게도 독립에 대한 꿈을 심어 줬다.
 그러던 어느 날 아침, 최린이 계동으로 한용운을 찾아왔다. 그 동안 일본에서 귀국한 최린은 유학 시절 손병희를 만난 인연으로 천도교에 들어가 보성 고등 보통학교의 교장이 되어 있었다. 최린은 〈유심〉을 창간할 때도 도움을 주었을 뿐 아니라 둘은 자주 만나서 독립에 대한 이야기를 나누곤 하였다.
 윌슨이 민족 자결주의를 주장하자 최린은 계동 막바지에 있는 중앙 고보 숙직실에서 이미 현상윤·송진우·최남선과 비밀리에 조선 독립에 대한 계획을 세우고 오는 길이었다. 중앙 학림의 정병헌·김상헌·오택언 등 젊은 학승들과 함께 있던 한용운은 반갑게 최린을 맞이하였다.
 "무슨 일이오?"
 "누가 들으면 좀……."
 "알겠소. 이리 들어오시오."
 한용운은 김상헌에게 밖을 잘 지키라고 이르고 안으로 들어왔다.
 "어서 말해 보시오."
 "간밤에 도쿄 와세다 대학에 다니는 송계백이라는 유학생이 나를 찾아와서 전해 주고 간 것인데, 오는 2월 8일 도쿄에서 유학생들을 중심으로 독립 선언을 한답니다."

최린은 주머니에서 조심스럽게 봉투 속에 든 '독립 선언서'를 꺼내 보여 주었다.

"이 선언문은 소설 〈무정〉을 쓴 이광수가 일본에서 지은 것이라고 합니다. 송계백은 이걸 모자 안창에 숨겨 가지고 와서는 선배인 중앙고보 현상윤을 찾아간 모양입니다. 현상윤이 이걸 갖고 나에게 달려왔어요."

"그게 정말이오?"

한용운은 그토록 바라던 조선 독립의 불꽃이 서서히 일어나고 있다는 말에 온몸에 전율을 느꼈다.

"용운 스님, 상하이의 신한 청년단에서도 파리 평화 회담에 특사를 파견하고, 평안도에 있는 기독교 목사들에게도 독립운동을 일으키도록 전했다고 합니다."

"정말 장한 청년들이오. 내가 아는 바로는 지금 경성 기독교 청년들도 일을 진행하고 있소이다. 우리 불교계인 중앙 학림에서도 밖에 있는 저 학승들이 큰일을 할 것이오."

"천도교 내부에서도 지금 비밀리에 일을 추진하고 있소이다."

"아, 그렇다면 서로 연합을 하는 게 어떻소? 독립을 위한 마음이야 다 똑같을 테니 말이오."

"정말 좋은 말이오."

한용운과 최린은 두 손을 덥석 잡았다. 일본에서부터 만나기만 하면 조선 독립에 대한 이야기를 나누던 그들이 이젠 드디어 큰일을 하게 되었으니 그저 한없이 가슴이 뛸 뿐이었다.

그런데 이렇게 나라 안팎에서 뜻 있는 사람들이 한창 '독립 선언'에 관해 소리 없이 준비를 하고 있을 때였다. 갑자기 고종 황제가 1919년 1월 21일 승하했다. 들리는 소문에 의하면 일본인들이 황제가 즐기는 식혜에 매일 독약을 조금씩 넣어 천천히 숨이 끊어지도록 했다고도 했다.

일제에게 빼앗긴 나라를 되찾아 보려고 한숨과 분노 속에서 하루하루를 보내고 있던 고종은 1907년 네덜란드 헤이그에서 만국 평화 회의가 열린다는 소식을 듣고 이준·이상설·이위종 등을 밀사로 파견하였다. 밀사들로 하여금 일본이 한국과 강제로 맺은 을사 보호 조약은 무효라는 것을 주장하려 한 것이었다. 하지만 일본의 방해로 그 뜻을 이루지 못하고 이준 열사는 이국 땅에서 순국하였다.

고종은 이 일로 인해 강제로 임금 자리마저 아들 순종에게 물려주고 경운궁(덕수궁)에 물러앉았다. 그러던 중 프랑스 파리에서 또 만국 평화 회의가 열린다는 소식을 듣고 밀사를 파견하여 일본의 흉계를 폭로하려다가 발각되고 말았다. 일본은 자기들이 시키는 대로 따르지 않는 고종 임금을 마침내 독살해 버린 것이다.

"모두가 나라를 빼앗긴 탓이로다!"

한용운은 울분을 참을 수 없었다. 하루라도 빨리 독립 선언을 추진해야만 했다.

한용운은 어느 날 월남 이상재를 찾아갔다. 이상재는 의정부 참찬이라는 높은 관직을 지냈고 서재필과 함께 독립협회를 만들어 민중 계몽 운동에 앞장섰으며 조선 기독교 청년 회장으로 청년 운동을 이끌어 가던 큰 인물이었다.

한용운은 누구보다 민중의 호응을 널리 불러일으킬 수 있는 이상재의 힘이 필요했다.

"월남 선생님, 지금 각계에서는 조선 독립을 선언하려는 움직임이 일어나고 있습니다. 각 종교 단체와 재외 동포 유학생들 및 상하이의 독립 지사들도 뜻을 같이하고 있습니다. 선생님께서 기독교 대표로 독립 선언서에 서명을 해 주신다면 더할 나위 없는 힘이 될 것입니다."

"만해, 그렇게 무모한 군중 대회를 열기보다는 차라리 총독부에 청원서를 보내는 게 어떻소? 조선 민족의 뜻을 총독부에 알리고 조선의 독립을 청하는 것이오."

"아니, 내 나라의 독립을 선언하는 데 무슨 청원서를 내고 남의 눈치를 본답디까? 우리 조선의 독립은 일본 제국주의에 대한 민족 운동입니다. 그러니 우리 민족 스스로의 힘으로 밀고 나가야만 합니다."

"그래도 나는 이 운동에 나설 만한 위인이 못 되오."

한용운은 어이가 없었다. 백성들을 다치게 하고 싶지 않다는 이상재의 뜻은 알겠으나 민족 지도자의 생각치고는 너무 소극적이었다.

"알겠습니다."

한용운은 안타깝기만 했다. 이상재가 가담했더라면 3·1 독립 선언서에 서명할 민족 대표가 훨씬 더 많았으리라는 생각이 들어서였다.

하지만 이상재뿐만 아니라 한규설·김윤식·윤용구·박영효·윤치호도 모두 거부했다. 그 중에서 한규설만 가담은 하지 않지만 찬성한다는 반응을 보일 뿐이었다.

"참으로 한심한 인사들이다."

한용운은 크게 실망하였다. 그 다음 최린의 소개로 천도교 교주인 손병희를 찾아갔다. 그 당시 손병희는 조선 갑부 민영휘, 백인기 못지않은 호화로운 생활을 하고 있었다. 조선인으로는 제일 먼저 자가용 자동차까지 탈 정도였다.

"의암 선생님, 선생님의 힘이 필요합니다. 독립 선언서에 서명을 해 주십시오."

한용운은 힘 있게 말했다. 그러자 손병희가 물었다.

"월남은 어찌하기로 했소이까?"

손병희는 이상재가 참가하기로 했는지 궁금하게 여겼다. 기독교 대표인 이상재가 나섰다면 자기도 나서겠다는 뜻이었다.

"아니, 의암 선생님께서는 이상재 선생의 뜻으로만 움직입니까? 그러면 이상재 선생이 반대했으니 선생도 반대를 하겠다는 말씀입니까? 만약 그렇다면 제가 살아 있는 한 선생을 그대로 둘 수는 없습니다."

화가 난 한용운은 다부지게 윽박질렀다. 그러자 손병희는 한결 누그러진 어조로 말했다.

"나라고 어찌 조선의 독립을 원치 않겠소. 하지만 자칫 잘못하여 수많은 인명이 다칠까 그게 걱정이 되어 그러오."

동학 농민 운동 때 많은 동학 농민군을 이끌고 봉기했다가 무수한 동지들을 잃었던 경험이 있는 손병희였다.

"하지만 의암 선생, 구더기 무서워서 장을 담그지 못한다면 조선의 독립은 누가 안겨 줍니까? 우리의 독립은 우리 스스로 목숨을 바쳐서라도 찾아야 합니다."

한용운은 뜨겁게 외쳤다. 그러자 손병희는 한용운의 두 손을 덥석 잡았다.

"좋소이다! 나도 참가하리다! 그 대신 조건이 있소. 나를 총대표로 내세워 주오."

한용운은 선뜻 승낙을 하였다. 마침내 손병희도 뜻을 같이했다. 나라를 위하는 마당에 누가 대표가 되든 무슨 상관이란 말인가. 손병희의 승낙을 받아 낸 한용운은 천만 군사를 얻은 듯 든든했다.

한용운은 이번에는 당대의 갑부인 민영휘를 찾아갔다.

"민영휘 선생, 조선 독립 선언서에 서명을 해 주시오."

한용운은 자초지종을 설명한 후에 말했다.

그러자 민영휘는 발뺌을 하였다.

"만일 발각되면 목숨이 위태로울 거요. 훗날을 기약하는 게 어떻소?"

"그럼 서명을 하지 않겠다는 뜻이오? 좋소! 그렇게 비겁하게 살 바에야 차라리 죽는 게 낫겠소."

한용운은 품에 넣었던 권총을 꺼내어 민영휘를 향해 겨누었다. 그러자 민영휘는 벌벌 떨며 돕겠노라고 맹세했다. 그러자 한용운은 힘있게 쥐었던 권총을 그의 앞에 내놓았다. 권총은 다름 아닌 장난감 권총이었다.

"민 선생, 미안하오. 다 나라를 위해 한 일이니 용서하오."

"알겠소. 비밀리에 협조하겠소. 행사를 위해 필요한 비용도 대리다. 그러나 이후부터는 나를 찾지 말고 내 아들 형식과 의논하여 일을 추진해 주오. 부디 성공을 비오."

민영휘는 담담하게 말했다. 그 후 민형식은 한용운과 절친한 친구가 되어 물심양면으로 조선 독립을 도왔다.

그 후 한용운은 영남 유림의 대표인 면우 곽종석을 만나기 위해 거창으로 행했다. 그는 일본 경찰의 눈을 피하기 위해 승복 대신 농부옷을 입고 떠났다.

"동의하다마다. 이 늙은 목숨, 이제야 제값을 할 수 있는가 보오."

곽종석은 그 자리에서 승낙을 하였다.

마침내 독립 선언에 참가할 각계 대표들의 윤곽이 잡혔다. 기독교 쪽에서는 이상재 대신 평안북도 정주에서 오산학교를 세운 목사이자 우국 지사인 이승훈과 길선주 목사가 나서 주었다.

어느 날 한용운은 최린에게 물었다.

"독립 선언서는 누가 쓰기로 했소?"

"이미 최남선에게 맡겼습니다. 이 시대에 그만한 문장가도 없지요."

"그건 말도 안 되는 소리오. 독립운동에 직접 나서지도 않고, 대표자 서명도 하지 않겠다는 사람한테 그걸 맡기다니요? 그럴 수는 없소!"

한용운은 버럭 화를 냈다.

"하지만 이미 다 작성을 했을 겁니다. 지금 바꾸기에는 시간이 너무 다급합니다."

최린은 난처해하며 말했다.

그 무렵 최남선은 일본인의 감시를 피하기 위해 자기 집을 떠나 일본인 여자와 결혼한 친구의 집 골방에서 선언서 및 일본 정부와 조선 총독부에 보내는 독립 통고서, 미국 윌슨 대통령에게 보내는 청원서, 파리 평화 회의 각국 대표들에게 보내는 서한을 쓰고 있었다.

마침내 최남선은 선언서와 청원서를 다 썼다. 하지만 일본 경찰의 눈을 피해 그걸 밖으로 가지고 나가는 게 문제였다.

'옳지 여기다 숨기자!'

최남선은 저고리 동정에다 선언서를 숨겨서 최린에게 넘겼다. 최린은 자기 집 가야금 속에 숨겨 두었다가 한용운에게 보여 주었다.

"이건 너무 어렵고 장황해요. 방방곡곡에서 모든 백성들이 소리 높여 낭송해야 하는데 이렇게 어려워서야 되겠소? 아무래도 다시 써야겠소."

한용운은 최남선이 쓴 독립 선언서가 마음에 들지 않았다.

"하지만 만해, 지금은 시간이 없소. 바로 인쇄를 해야 하오."

"그렇다면 이 선언서 맨 끝에다 공약 3장이라는 걸 덧붙이면 어떻겠소?"

"그거 좋은 생각이오."

이리하여 한용운은 독립 선언서에 '공약 3장'을 써서 덧붙였다.

1. 오늘 우리의 이 거사는 정의와 인도와 생존과 영광된 자존심을 위하는 민족적 요구이니 오직 자유의 정신을 발휘할 것이요, 결코 배타적인 감정으로 일주하지 말라.

1. 최후의 한 사람까지, 최후의 한 시각까지 민족의 정당한 의사를 쾌히 발표하라.
1. 일체의 행동은 가장 질서를 존중하며 우리의 주장과 태도로 하여금 어디까지든지 광명정대하게 하라.

한용운이 지은 '공약 3장'은 독립 선언서에 비해 간결하고 힘 있는 문장이었다.

"정말 명문장이오! 우리가 주장하는 비폭력 원칙과 독립 의지가 잘 담겨 있어요."

이승훈이 먼저 감탄하였다. 최린도 고개를 끄떡였다.

마침내 1919년 2월 24일 최린의 집에서 이들은 모임을 가졌다.

"그럼, 거사 날짜는 언제가 좋겠소?"

"고종 황제 인산일인 3월 3일이 어떻소? 인산을 보려고 전국 각지에서 사람들이 구름같이 모일 것이니 그 날이 가장 적합할 듯하오."

"아니오. 인산일은 신중하게 치러져야 하오. 또 사람들이 많이 모이니 자칫 폭동으로 이어져 무고한 사람들이 많이 다칠 수도 있을 것이오."

한용운이 반대를 하고 나섰다.

"그럼, 그 전날은 어떻소?"

"안 되오. 그 날은 안식일이라 우리 기독교인들은 예배를 봐야 하오."

"그렇다면 3월 1일로 합시다."

"그게 좋겠습니다. 3월 1일 오후 2시로 하지요."

의논 끝에 마침내 거사 날짜를 3월 1일로 정했다. 3월 1일이라는 숫자에는 천도교·기독교·불교의 3개 종교 단체가 합쳐서 하나로 된다는 뜻인 삼위일체의 의미도 담겨 있었다.

"그럼, 선언서에 서명할 인사들을 결정합시다."

이리하여 '독립 선언서'에 서명할 사람들이 정해졌다.

우선 천도교 쪽에서는 손병희 · 권동진 · 오세창 · 이종일 · 최린 · 임예환 · 나인협 · 홍기조 · 양한묵 · 권병덕 · 김완규 · 나용환 · 이종훈 · 홍병기 등 15명이었다.

기독교 측은 이승훈 · 신홍식 · 양전백 · 이명룡 · 길선주 · 유여대 · 김병조 · 정춘수 · 박희도 · 이갑성 · 오화영 · 최성모 · 이필주 · 김창준 · 신석구 · 박동완 등 16명이었다.

불교 쪽에서는 한용운과 백용성 선사 둘뿐이었다. 사찰이 모두 산중에 있어 일일이 방문하는 것도 불가능하고 승려들은 또 운수행각이라 하여 한 곳에 붙박혀 있지도 않은 탓이었다.

그리고 2월 27일 밤 민족 대표들이 최린의 집에서 거사의 마지막 점검을 할 때였다.

"오늘 밤에 선언서 인쇄를 하기로 했습니다. 우선 서명자 순서를 정합시다!"

"각기 다른 종파에서 모였으니 연장자 순서대로 하든가, 가나다 순서대로 하는 게 어떻소?"

이승훈이 물었다. 하지만 최린이 반대를 하였다.

"안 되오. 천도교는 사제 관계로 맺어져 있어 위계 질서를 중요하게 생각하지요. 그러니 순서가 뒤바뀌면 안 됩니다."

그러자 기독교 쪽의 이승훈이 소리를 버럭 질렀다.

"아, 순서는 무슨 순서요? 이거 지금 잡혀가면 죽는 순서 아니오? 누굴 먼저 쓰고 누굴 뒤에 쓰면 어떻단 말이오?"

이승훈의 말에 한용운은 속이 다 시원하였다.

"참으로 옳은 말씀이오. 우리 불교 대표는 아예 맨 끝에다 넣어 주시오."

"그럼, 더 말할 것 없이 손병희 선생을 제일 먼저 쓰시오. 그리고 두 번째로 기독교를 대표해서 장로교 쪽인 길선주 목사를 씁시다."

이승훈이 다시 말했다. 그러자 기독교 쪽에서 감리교 쪽인 이필주를 세 번째에 넣어야 한다고 하였다. 다음에는 불교의 백용성 스님을 넣었다. 그 다음 29명은 가나다 순으로 정해졌다. 한용운은 그 순서에 따라 최린의 다음 차례인 서른한 번째에 들어갔다.

서울의 군중 집회 장소는 사람들이 많이 모일 수 있는 탑골 공원으로 정했다.

한편 독립 선언서의 인쇄는 오세창이 맡았다. 인쇄는 미리 해 놓으면 발각될 위험이 있으므로 2월 27일 밤에 비밀리에 진행되었다.

"찰그락, 찰그락!"

창문을 두꺼운 담요로 모두 가리고 숨을 죽인 채 선언서 2만 장을 찍어 냈다.

보성사 인쇄 공장의 이종일 사장, 공장 감독 김홍규와 인쇄공의 입술은 바짝바짝 타들어 갔다. 이마에는 땀방울이 송글송글 맺혔다. 모두 나라를 위해 목숨을 바칠 각오로 엄청난 일을 하고 있는 것이다.

드디어 거사 전 날인 2월 28일 저녁 5시경. 독립 선언서에 이름이 인쇄되어 거기에 서명을 하고 도장을 찍을 민족 대표들이 가회동 170번지에 있는 손병희의 집으로 모여들었다. 생사를 같이할 동지들끼리 서로 얼굴을 마주하고 최후의 결의를 다지려는 것이었다.

"여러분 드디어 내일이 역사적인 거사 날이오. 오늘 밤만 넘기고 나면 내일은 확실히 오늘과 다른 날이 될 것이오. 우리의 성스러운 거사는 반드시 성공하리라 믿소."

손병희는 감격 어린 목소리로 다짐하였다.

그런데 기독 청년회 간사로 학생들의 일을 맡아 보던 박희도가 말문을 열었다.

"아무래도 내일 학생들이 탑골 공원에서 독립 선언식이 열릴 것을 알고 모여들어 잠가할 듯한데 이를 어쎠면 좋겠습니까?"

"학생과 민중이 모여들면 군중 심리로 큰 폭동이 일어날지도 모를 일이오. 일본 경찰이 잔혹하게 폭동을 진압하면 많은 사람이 다칠 게 분명하오."

"그렇다면 우리가 장소를 옮겨 근처 음식점인 태화관에 모여서 탑골 공원의 형편을 보아 가며 움직이는 게 옳다고 봅니다."

그러자 한용운은 못마땅한 듯 반대를 하였다.

"아니, 독립 선언식을 한다고 민중과 학생들은 다 밖에 모여 있는데 우리만 뒷전에 숨어 눈치나 보자는 거요? 안 되오! 그깟 총칼이 무서워서 피해 갈 수는 없소!"

"하지만 만해, 우리가 비겁해서 피하자는 게 아닙니다. 너무 많은 사람들이 다칠 수 있으니 조심하자는 것이오."

한용운의 의견은 다른 사람들의 의견에 눌려 받아들여지지 않았다. 그래서 장소는 탑골 공원이 아닌 태화관으로 바뀌었다.

민족 대표들은 내일 행사의 순서를 정하였다.

"아무래도 장황한 선언문을 다 읽을 시간이 없을 듯하오. 그러니 누가 간단하게 선언서 요지를 설명하고 만세만 부르도록 합시다. 누가 그 일을 맡을까요?"

"그 일은 만해가 맡는 게 좋겠소이다. 누구보다 웅변과 연설에도 뛰어나고 공약 3장도 손수 덧붙였으니 말이오."

"그럼, 그 일은 만해가 맡아서 하고 만세 삼창도 이끌도록 합시다." 이제 모든 일은 다 결정되었다. 그때 한용운이 나서서 말했다.

"이제 내일은 우리가 잡혀가는 날이오. 일본 경찰이 오더라도 피하지 말고 순순히 체포당해야 하오. 우리의 당당한 모습을 보여야 합니다. 죽을 각오로 나와야 합니다! 그럼, 내일 두 시에 태화관에서 만납시다!"

민족 대표들은 한용운의 말에 숙연한 얼굴로 돌아갔다.

한용운은 돌아오는 길에 보성사에 들러 선언서 3천 매를 인수해 가지고 집으로 돌아왔다. 그는 미리 대기시켜 놓은 중앙 학림 학생들에게 내일 태화관에서 있을 독립 선언식에 관한 이야기를 들려주었다.

"이것이 독립 선언문이다. 1500부는 서울 시내 동북부 일원에 배포하고 나머지는 경상도와 전라도 그리고 양산 통도사, 동래 범어사,

합천 해인사에 배포하도록 하여라."

"기꺼이 스님의 말씀에 따르겠습니다."

"이제 헤어지면 언제 또 만날지 기약할 수 없다. 조선이 독립하는 그 날까지 서산, 사명 대사의 후예임을 굳게 기억하여 불교 청년의 역량을 유감없이 발휘하라."

"스님, 명심하겠습니다."

한용운의 말에 그 자리가 숙연해졌다.

"스님, 스님도 몸조심 하십시오."

"나는 괜찮다. 저들이 잡아가 봐야 이 썩어 없어질 육신밖에 더 데려가겠느냐? 하지만 그 누구도 내 정신을 잡아갈 순 없다. 감옥이든 어디든 내 정신은 자유로울 것이다."

한용운은 담대하게 말했다.

15. 대한 독립 만세, 만세!

기미년 3월 1일 새벽이 밝아 왔다. 뜬 눈으로 가부좌를 한 채 기도를 올리던 한용운은 정갈한 몸과 마음으로 새벽 예불을 올렸다.

한용운은 비장한 마음으로 집을 나섰다.

'드디어 오늘이다. 오늘 우리는 독립 선언서를 낭독한다. 어떠한 일이 있더라도 우리 조선의 독립을 되찾아야 한다.'

한용운은 나라를 위해 뭔가 할 수 있다는 게 마냥 기뻤다.

마침내 선언서에 서명한 민족 대표들이 하나 둘 태화관 별실로 모여들었다. 하지만 정각 2시에 인원을 점검해 보니 모두 29명이었다. 4명이 빠진 것이다.

"누가 빠진 겁니까?"

"길선주, 유여대, 정춘수, 김병조 씨가 안 보입니다."

그때 누군가가 말했다.

"김병조 씨는 상하이로 탈출했다고 합니다."

"뭐요?"

한용운은 기가 막혔다. 서명을 하고 마음이 흔들려 몸을 피한 것이었다. 그런 사람이 선언서에 서명을 했다는 게 부끄러울 따름이었다.

"세 분 목사님은 아마 도중에 무슨 일이 생겼거나 교통편이 여의치 못해 늦어질 것이오."

이승훈이 난처한 얼굴로 변명했다.

"더 이상 기다릴 수가 없습니다. 지금 탑골 공원에서는 수많은 학생들과 백성들이 구름떼처럼 몰려 있습니다. 모두 우리와 같이 2시를 기해 선언서를 나눠 주고 독립 만세를 외치자고 약속해 놓았습니다. 그러니 어서 식을 시작합시다."

최린의 말에 29명의 민족 대표들은 모두 자리에 앉았다. 탁자 위에는 흰 보자기에 싸인 독립 선언서가 놓여 있고, 민족 대표들의 얼굴은 엄숙하고 진지했다.

"그럼, 만해, 선언식을 주도해 주시지요."

미리 약속한 대로 한용운이 독립 선언식을 이끌게 되었다.

한용운은 그 어느 때보다 우렁찬 목소리로 식사를 하였다.

"여러분! 지금 우리는 민족을 대표해서 이 자리에 모였습니다. 이 자리에 모인 우리가 이천만 백성을 대표하여 조선의 독립을 선포하고 세계 만방에 알릴 때가 왔습니다. 기쁘기 한이 없습니다. 이제는 죽어도 여한이 없습니다. 이제 우리가 이 땅의 주인이고 우리가 영원 무궁토록 지켜 나가야 할 조국임을 만천하에 알립시다! 자, 그럼 모두 일어나 우렁차게 독립 만세를 부릅시다! 대한 독립 만세!"

한용운의 말에 민족 대표들은 모두 일어나 소리 높여 대한 독립 만세를 외쳤다.

"대한 독립 만세!"

"대한 독립 만세!"

민족 대표들은 뜨거운 눈물을 흘리며 대한 독립 만세를 외쳤다.

"정말 기쁩니다. 이제 죽어도 여한이 없습니다. 하지만 지금부터 명심해야 할 것입니다. 이제 곧 일본 경찰이 들이닥칠 것입니다. 하지만 우리가 몇 가지 원칙을 세웁시다. 첫째, 비굴하지 말 것. 당당하게 맞서야 합니다. 둘째, 절대로 사식을 넣지 말 것. 우리 스스로 독립을 위해 택한 고통입니다. 감방 안에서 잘 먹고 잘 살자고 한 일이 아닙니다. 셋째, 보석을 신청하지 말 것. 몇 년 형을 받게 될지, 아니면 시형을 언도받게 될지 모르지만 모두 꿋꿋하게 행동합시다! 또 저들이 우리를 잡으러 오기 전에 우리가 먼저 통고를 합시다. 자주적으로 독립을 선언했으니 저들에게 끌려가는 건 모양이 좋지 않습니다. 당당하게 우리 발로 걸어갑시다!"

한용운은 의연하게 말했다. 그리고 사람을 시켜 종로 경찰서에 연락을 하라고 했다.

그 시각 탑골 공원에서도 학생 대표가 독립 선언서를 읽었다. 낭독이 끝나자마자 모여 있던 학생과 민중들은 너도나도 손에 손에 태극기를 들고 외쳤다.

"대한 독립 만세!"

"대한 독립 만세!"

군중들은 목이 터져라 대한 독립 만세, 만세를 외쳤다. 군중의 함성 소리는 탑골 공원뿐 아니라 방방곡곡에서 울려 퍼졌다. 마치 마른 솔가지에 불이 붙듯 순식간에 타올랐다. 그들은 목청껏 만세를 외쳤다. 일반 백성뿐 아니라 남녀 학생들이며 어린아이까지 손에 태극기를 들고 거리로 뛰쳐나왔다.

"아니, 이런 조센징들이!"

당황한 일본 경찰은 군중에게 곤봉과 몽둥이를 휘둘렀다. 하지만 군중들은 끄떡도 하지 않았다. 오히려 시간이 지날수록 점점 더 시위대의 숫자가 불어났다.

"안 되겠다. 당장 총을 쏴라!"

일본 경찰은 무자비하게 총을 쏘았다.

여기저기서 백성들이 일제의 무자비한 총칼에 피를 흘리며 쓰러졌다. 하지만 분노한 군중들은 흩어질 줄을 몰랐다. 목이 터져라 '만세, 대한 독립 만세!'를 외치고 또 외쳤다.

그 무렵, 태화관에도 경찰이 들이닥쳤다.

"꼼짝 마라! 당장 이놈들을 체포하라!"

경찰은 겹겹이 독립 지사들을 에워싸며 총을 겨누고 위협했다.

"이놈들아, 우리가 너희들을 불렀는데 체포라니? 우리는 죄가 없으니 떳떳하게 우리 발로 걸어가겠다!"

한용운이 눈을 흡뜬 채 뚜벅뚜벅 앞장을 섰다. 그러자 우르르 몰려섰던 경찰이 민족 대표들의 팔을 하나씩 낚아챘다. 민족 대표들이 밖으로 나오는데 웬 사람이 한용운에게 달려왔다.

"저는 거창 사는 곽 자, 종 자, 석 자 되는 분의 자제입니다. 아버님이 병환 중이라 제가 대신 도장을 가지고 왔습니다."

곽종석의 아들이 뒤늦게 서명할 도장을 갖고 서울로 온 것이었다.

그때 일경이 곽종석의 아들도 체포하려고 하였다. 한용운은 재빨리 그를 막아 냈다.

"이분은 아니다."

"그럼, 저리 비켜!"

"내려가서 곽종석 선생께 전해 주오. 비록 서명은 못 했으나 참여한 것이나 마찬가지니, 뒤에 더 큰일을 부탁드린다고 말이오."

한용운은 일찍이 의병을 일으키는 등 구국 운동에 앞장서 온 유림들의 대표인 곽종석이 참여했으면 전국 유림들의 호응을 얻어 낼 수 있었을 것이라 생각하니 아쉽기만 했다.

민족 대표들이 태화관 밖으로 나오자 일본 경찰은 민족 대표들을 모두 준비해 놓은 트럭에 태웠다. 민족 대표들이 끌려가는 모습을 보면 군중들이 더욱 동요를 할까 봐 지레 겁을 먹은 것이다.

민족 대표들은 트럭에 탄 채 경찰서로 향했다. 그때였다. 멀리서 '대한 독립 만세!' 소리가 들려 왔다. 탑골 공원 쪽에서 나는 소리였다.

"아, 들립니다! 만세 소리가 들려요!"

거리로 나서자 수많은 관중들이 만세를 부르는 모습이 눈에 들어왔다.

일경은 닥치는 대로 시위대에게 총칼을 휘둘렀다.

"으윽……대, 대한 독립…… 만세, 만…….”

만세를 외치던 사람들은 피를 흘리며 여기저기 쓰러졌다. 그런데도 민중들은 어디선가 봇물이 터지듯 밀려오고 밀려왔다.

"아, 백성들이 눈을 뜨고 있구나! 백성이 눈을 뜨고 있는 한 잃어버린 나라는 되찾을 수 있다!”

한용운의 눈에서 뜨거운 눈물이 줄줄 흘러내렸다.

트럭이 좁은 골목을 빠져나가 청계천을 지나갈 때였다. 열두서너 살쯤 되어 보이는 소년 두 명이 민족 대표들이 탄 트럭을 향해 '대한 독립 만세! 만세'를 외치며 달려왔다.

그 모습을 본 일경이 달려와 한 소년을 개천 아래로 휙 밀어 버렸다. 하지만 그 소년은 다시 기어올라 오며 목이 터져라 '대한 독립 만세'를 외쳤다.

"에잇, 조센징 녀석!”

일본 경찰은 아예 소년을 잡아서는 질질 끌고 갔다. 그래도 나머지 소년은 '대한 독립 만세!'를 소리 높여 외쳤다.

한용운은 눈물이 비 오듯 흘렀다.

"아아, 나이 어린 소년들조차 나라 잃은 설움을 뼈저리게 느끼고 있었구나!”

매를 맞고 끌려가면서도 만세를 외치던 소년들이 누구인지 모르지만 자꾸만 그 모습이 눈에 어리어 가슴이 터질 듯 아팠다.

16. 대쪽 같은 지조

마포 경찰서로 끌려간 독립 지사들은 온갖 고문을 당했다.

"도대체 누가 주동자냐? 누가 이 따위 음모를 꾸몄어? 대일본 제국의 따끔한 맛을 보여 주겠다!"

그러자 민족 대표들 중에는 잔뜩 겁에 질려 부들부들 떠는 사람들도 있었다. 그 중에는 취조가 시작되자 지독한 고문을 견디지 못하여 비굴하게 목숨을 구걸하는 사람도 있었다.

"으윽…… 소인이 잘못 판단하여 서명을 하였사오니 부, 부디 용서해 주십시오."

"저는 그냥 도장만 찍었을 뿐입니다. 그러니 제발 날 내보내 주십시오, 제발!"

"에잇, 한심한 놈들!"

일본 경찰은 오히려 더욱더 심한 고문을 가하였다. 그러자 민족 대표들은 또다시 살려 달라며 빌었다. 하지만 한용운은 허리를 꼿꼿이 편 채 경찰을 쏘아보았다.

"피고는 왜 말이 없는가?"

한용운이 다른 대표들처럼 살려 달라고 애원하지 않자 경찰이 먼저 물었다.

"조선인이 조선 민족을 위하여 스스로 독립운동을 하는 것이 백번 마땅한데 일본인이 어찌 감히 재판하려 하느냐? 나는 할 말이 많다. 종이와 펜을 달라."

일본 경찰은 서릿발 같은 한용운의 기개에 눌려 움찔하였다. 그리고 감방으로 종이와 펜을 가져다 주었다.

한용운은 감옥 안에서 꼿꼿하게 앉아 '조선 독립의 서'라는 글을 줄줄 써내려 갔다. 그 글에는 조선이 독립을 해야 하는 이유와 독립에 대한 자신, 독립의 동기, 민족의 자유 등에 대한 이론을 당당히 밝혔다.

"이런 인재가 왜 하필 조선 사람이란 말인가?"

그 글이 어찌나 논리 정연하고 명문장이었는지 한용운을 담당했던 일본 검사조치 혀를 내둘렀다.

이 '조선 독립의 서'는 간수의 눈을 속이기 위해 여러 겹으로 섭어서 종이 노끈인 것처럼 위장하여 형무소로부터 내보내는 옷 사이에 끼워 밖으로도 보내졌다.

그 후 한용운의 대쪽 같은 독립 사상의 내용이 고스란히 담긴 이 글은 상하이에서 발간되던 〈독립신문〉 1919년 11월 4일자에 부록의 형식으로 게재되어 세상에 공개되었다. 물론 그 글을 읽은 많은 애국 지사들에게 힘과 용기를 불어넣어 주었다.

하지만 감옥에 갇힌 몇몇 민족 대표들은 잔뜩 겁에 질려 있었다.

'이렇게 감옥에 갇혀 평생을 지내는 건 아닐까?'
'혹시 그대로 죽음을 당하고 마는 게 아닐까?'
하루하루가 그저 살얼음판을 딛는 기분이었다. 그러던 어느 날, 독립 선언서에 서명한 사람들을 전부 사형에 처한다는 소문이 나돌았다.
"아이구, 이걸 어쩌나…… 흐흑……."
몇몇 대표들이 겁에 질려 울음을 터뜨렸다.
"이 비겁한 인간들아, 울기는 왜 우느냐! 나라 잃고 죽는 것이 무엇이 슬프냐? 이것이 독립 선언서에 서명한 민족 대표의 참모습이더냐?"
머리끝까지 화가 난 한용운은 감방 안에 있던 변기통을 내동댕이치며 소리를 질렀다. 그러자 감방 안은 이내 조용해졌다.

한용운은 마지막 심문에서도 당당히 자기 주장을 밝혔다.

"피고는 이후에도 조선의 독립운동을 할 것인가?"

"그렇다. 조선이 독립되는 그 날까지 할 것이다. 반드시 독립은 이루어질 것이며 일본에는 중 월조가 있고 조선에는 한용운이가 있을 것이다."

한용운은 눈도 깜짝하지 않고 말했다. 뿐만 아니라 최후 진술에서는 일본인들도 깜짝 놀랄 발언을 하였다.

"정치란 덕에 있고, 강함에 있지 않다. 그러므로 너희 일본도 강병만 자랑하고 덕으로 다스리지 않으면 국제 사회에서 고립되어 마침내는 패망할 것이다."

한용운은 어떤 위협에도 굽힘 없이 자기의 생각을 이야기한 것이다.

마침내 한용운에게 3년형이 언도되었다.

한용운은 감옥에 앉아 벽을 바라보며 면벽 참선을 하였다. 그러는 동안 옥중에서 여러 편의 한시와 시조를 남겼다. 그 중에서도 '무궁화를 심으고저'라는 유명한 시가 있다.

달아 달아 밝은 달아 옛나라에 비춘 달아
쇠창살을 넘어와서 나의 마음 비춘 달아
계수나무 베어 내고 무궁화를 심으고저.

한용운은 감옥에 있는 동안 잠시도 나라를 잊은 적이 없었다.

1922년 3월 한용운은 3년간의 옥고를 치르고 출감하였다. 그의 나이 어느덧 마흔네 살 때였다. 아침부터 형무소 밖에는 사회 각계 인사들이 한용운을 마중 나와 있었다. 이들 중 대부분은 독립 선언서에 서명하기를 거부했거나 서명을 해 놓고도 일제의 총칼이 무서워 몸을 숨겼던 사람들이었다.

"만해, 그 동안 수고가 많았소."

사람들은 손을 내밀며 악수를 청했다. 하지만 한용운은 그들의 손을 거들떠보지도 않았다. 오히려 그들의 얼굴을 뚫어지게 바라보더니 느닷없이 침을 퉤, 뱉으며 꾸짖었다.

"너희들은 감옥에서 나오는 사람 마중할 줄밖에 모르느냐? 마중하는 사람이 되지 말고, 마중받는 사람이 되어 보라!"

그러자 사람들은 얼굴이 벌개져서 고개를 들지 못했다.

한용운은 출옥한 지 채 한 달도 안 되어 '법보회'라는 불교 운동 단체를 만들었다. 그리고 5월에는 '조선 불교 청년회'의 주최로 열린 강연회에 나갔다.

강당 안은 몰려든 청중으로 발 디딜 틈이 없었다. 단상에 올라간 한용운은 '철창 철학'이라는 제목으로 연설을 시작하였다. 청중들은 숨을 죽인 채 한용운의 말에 귀를 기울였다. 그 중에는 일본 형사 한 명도 와 있었다. 연설에 조금이라도 거슬리는 내용이 있으면 당장 해산 명령을 내리고 연사를 잡아가려는 속셈이었다.

한용운은 두 시간 넘게 강연을 하였다. 그러다가 맨 마지막에 비장한 목소리로 말했다.

"개성 송악산에서 흐르는 물은 만월대의 티끌은 씻어 내려도 선죽교의 피는 못 씻으며, 진주 남강에 흐르는 물은 촉석루 먼지는 씻어 내려도 의암에 서려 있는 논개의 이름은 못 씻는다."

말을 마치자 청중들은 강당이 떠나갈 듯 우레와 같은 박수를 쳐 댔다. 그러자 그 안에 있던 일본 형사는 무슨 말인지도 모르고 박수를 따라 쳤다.

또 한 번은 종로 기독교 청년 회관에서 저명 인사들의 강연회를 열었을 때었다. 한용운은 마지막으로 자유에 대하여 연설을 하였다.

"여러분 진수성찬을 드신 후에 비지 찌개 한 그릇 더 먹는 셈 치고 내 말을 들어 주십시오. 아까 동대문 밖을 지날 때 과수원을 보니 나뭇가지를 모두 가위로 잘라 놓았더이다. 아무리 말 못하는 생물이지만 대단히 보기 싫고 그 무엇이 그리웠을 것입니다."

한용운은 가지 잘린 나무를 일본에게 자유를 빼앗긴 조선에 빗대어 말했다. 그러자 청중들은 강당이 떠나갈 듯 박수를 쳤다. 강당에 있던 일본 형사는 고개를 갸우뚱하며 옆 사람에게 물었다.

"아니, 고작 나뭇가지가 잘린 얘기인데 왜 박수를 치고 난리들이오?"

"낸들 알겠어요? 남들이 박수를 하도 치니까 나도 따라 쳤을 뿐이지요."

그 사람은 시치미 뚝 떼고 능청을 떨었다. 그러자 주변에 있던 사람들은 가슴이 후련하다는 듯 와아 웃어 댔다.

한용운의 웅변 솜씨는 그뿐이 아니었다. 하루는 강연회장에서 청중을 향해 큰 소리로 물었다.

"여러분, 우리의 가장 큰 원수는 대체 누구란 말입니까? 소련입니까? 아닙니다. 그렇다면 미국일까요? 그것도 아닙니다."

한용운 혼자 묻고 대답하는 연설이 아슬아슬하게 이어졌다. 참석해 있던 일본 형사의 얼굴도 점점 벌개졌다. 청중들은 찬물을 끼얹은 듯 숨을 죽이고 있었다.

"그렇다면 우리의 가장 큰 원수는 일본일까요? 남들은 모두들 일본이 우리의 가장 큰 원수라고 합디다."

한용운은 눈도 꿈쩍 안 하고 연설을 해 나갔다. 그러자 일본 형사는 눈에 불을 켜고 앞으로 나서며 외쳤다.

"중지! 연설 중지!"

그러나 한용운은 아랑곳없이 어느새 말끝을 다른 데로 돌렸다.

"아닙니다. 우리의 원수는 소련도 아니요, 미국도 아닙니다. 물론 일본도 아닙니다. 우리의 원수는 바로 우리들 자신입니다. 우리들 자신의 게으름, 이것이 바로 우리의 가장 큰 원수라는 말입니다."

연설이 채 끝나기도 전에 청중들은 함성을 지르며 박수 갈채를 보냈다. 그러자 일본 경찰은 멋쩍은 듯 머리만 긁적일 뿐이었다.

17. 〈님의 침묵〉을 쓰다

어느덧 한용운의 나이 47세가 되었다.

온 산이 초록으로 물든 초여름, 한용운은 설악산 오세암에 들어가 〈십현담 주해〉라는 책을 썼다. 매월당 김시습이 쓴 〈십현담 주해〉가 있지만 일반 대중들에게는 여전히 어려운 내용이었다. 한용운은 그걸 좀더 알기 쉽게 고쳐 쓴 것이었다.

한용운은 〈십현담 주해〉의 서문에 다음과 같이 썼다.

매월당이 이 오세암에서 십현담을 주해했고, 나 또한 오세암에서 매월당의 주해를 읽으니, 세상 사람들이 이를 접한 지 수백 년이 지났건만 느끼는 뜻은 새롭기만 하도다. 이에 십현담에 주를 붙인다.

오세암에서 〈십현담 주해〉를 쓴 한용운은 백담사를 오가며 그 동안 틈틈이 써 온 시를 정리했다. '님의 침묵', '나룻배와 행인', '알 수 없어요'를 비롯한 88편의 시였다. 한용운은 이 여러 편의 시 중에서 '님의 침묵'을 제목으로 한 권의 시집을 묶었다.

님은 갔습니다. 아아, 사랑하는 나의 님은 갔습니다.
푸른 산빛을 깨치고, 단풍나무 숲을 향하여 난 작은 길을 걸어서 차마 떨치고 갔습니다.
황금의 꽃같이 굳고 빛나던 옛 맹세는 차디찬 티끌이 되어서, 한숨의 미풍에 날아갔습니다.
……중략……
나는 향기로운 님의 말소리에 귀먹고, 꽃다운 님의 얼굴에 눈멀었습니다.
사랑도 사람의 일이라, 만날 때에 미리 떠날 것을 염려하고 경계하지 아니한 것은 아니지만, 이별은 뜻밖의 일이 되고 놀란 가슴은 새로운 슬픔에 터집니다.
……중략……
우리는 만날 때에 떠날 것을 염려하는 것과 같이, 떠날 때에 다시 만날 것을 믿습니다.
아아 님은 갔지마는 나는 님을 보내지 않았습니다.
제 곡조를 못 이기는 사랑의 노래는 님의 침묵을 휩싸고 돕니다

— '님의 침묵'

〈님의 침묵〉이 나오자 사람들은 깜짝 놀랐다. 연설을 잘하고 한시와 시조를 쓰던 한용운이 이처럼 빼어난 현대시까지 쓸 줄은 몰랐기 때문이다. 〈님의 침묵〉에 실린 시는 하나하나가 모두 뛰어난 문학성을 지녔으며 나라와 민중을 사랑하는 그의 마음이 고스란히 담겨 있었다. 또한 한용운이 늘 추구해 오던 불교의 화엄 사상인 '자유와 평등'에 대한 그리움도 느낄 수 있었다.

문단에서도 최남선의 '해에게서 소년에게'와 주요한의 '불놀이'보다 늦긴 했지만 시의 형태에서는 획기적인 변화였다.

주요한도 '저자의 운율적 기교 표현은 지금까지 우리가 아는 조선어 운율적 효과를 나타낸 최고 작품'이라는 평을 쓰기도 했다.

그 후 많은 사람들이 '님의 침묵'에 나타난 '님'에 대하여 연구를 하였다. 그 결과 많은 이들은 한용운이 끝없이 추구하고 그리워하는 님이 바로 '조국'이라는 것을 다시 한 번 깨닫게 되었다. 일제가 감시의 고삐를 점점 더 조여 오는 때에 조선의 독립을 '님'으로 은유하여 표현했던 것이다. 그가 〈님의 침묵〉의 마지막 붓을 놓으면서 남긴 '독자에게'라는 시를 보면 그 의도를 더욱 잘 알 수 있다.

밤은 얼마나 되었는지 모르겠습니다.
설악산의 무거운 그림자는 엷어 갑니다.
새벽종을 기다리면서 붓을 던집니다.

한용운은 오세암의 밤은 점점 엷어 가고 새벽 종소리는 이제 머지 않았다는 새 희망의 노래를 통해 사람들에게 독립의 꿈을 심어 준 것이다.

이처럼 우리 문단사에 길이 남을 명작 〈님의 침묵〉은 이듬해 5월 회동서관에서 발간되었다.

설악산에 묻혀 〈십현담 주해〉와 〈님의 침묵〉을 탈고한 한용운은 서울로 돌아왔다.

이듬해인 1926년 한 해가 다 저물어갈 무렵이었다. 우리의 한글을 아끼고 기리자는 '가갸날' 제정 운동이 일어났다. 바로 한글날을 정한다는 소식이었다.

"진작 있어야 할 일이다!"

한용운은 당장 시 한 편을 써서 〈동아일보〉로 보냈다.

아아 가갸날

참되고 어질고 아름다워요.

축일 · 제일

데이 시이즌 이 위에

가갸날이 태어났어요, 가갸날

끝없는 바다에 쑥 솟아오르는 해처럼 힘 있고 빛나고 뚜렷한 가갸날

······중략······

아무것도 배우지 못한 사람도 가르쳐 줄 수 있어요.

가갸로 말을 하고 글을 쓰셔요.

혀끝에서 물결이 솟고 붓 아래에 꽃이 피어요.

그 속엔 우리의 향기로운 목숨이 살아 움직입니다.

그 속엔 낯익은 사랑의 실마리가 풀리면서 감겨 있어요.

······중략······

— '가갸날'

한용운의 이 시는 1926년 12월 7일자에 실렸다. 한없이 무뚝뚝하고 무서워만 보이던 한용운은 아주 쉽고 부드러운 어조로 '가갸날'의 기쁨을 노래하였다.

이처럼 한용운은 틈틈이 시, 한시, 수필, 논설, 소설을 통해 자신의 생각과 신념을 그려 냈다.

18. 변절자들에게 등을 돌리다

 이듬해인 1927년 2월 한용운은 여러 단체로 흩어져 있는 애국 지사들이 모여 독립운동을 하자고 만든 '신간회'의 중앙 집행 위원이 되었다. 공교롭게도 회장은 이상재로 뽑혔다. 하지만 이상재는 그 무렵 병이 깊어 모임에 참석하지 않았다. 그러다가 한 달 뒤 그만 세상을 떠났다.

 이상재가 죽자 어려운 시대에 나라를 위해 애쓴 그의 공로를 인정하여 사회장을 치른다고 하였다. 한용운은 비록 그와 생각하는 바가 달랐지만 진심으로 그의 죽음을 애도했다. 그런데 이상재의 사회장 발표를 보니 그가 장례 위원 명단에 올라가 있는 게 아닌가?

 "이런 고약한! 누가 마음대로 나를 장례 위원에 올려 놓았어!"

 한용운은 불같이 화를 냈다. 조국 독립을 위해 싸우다가 어느 산골짜기에서 이름 없이 죽어간 독립 투사들도 많은데 떠들썩하게 한 개인의 사회장을 치르는 것이 못마땅했기 때문이다. 게다가 그 장례식의 장례 위원으로 자신의 이름이 올라 있으니 기가 막힐 노릇이었다.

 한용운은 그 길로 장례 위원회가 있는 수표동으로 찾아갔다.

"당장 장례 위원 명단을 내놓아라!"

"만해, 왜 이러시오?"

사람들은 대쪽 같은 한용운의 성격을 아는지라 얼른 장례 위원 명단을 내놓았다.

"누구 마음대로 나를 장례 위원에다 넣었나? 나는 그런 것을 허락한 적이 없다!"

한용운은 펜에 먹물을 푹 찍어서는 자신의 이름 석자를 두 줄로 박박 그어 버렸다. 얼마나 손에 힘을 주고 그었는지 그만 펜촉이 뚝 부러지고 종이가 찢어질 정도였다.

한용운은 이상재가 나라를 위해 애쓴 건 알지만 지난 기미년 독립 선언 때 선언서에 서명을 거절했던 일을 두고두고 용서할 수 없었던 것이다.

한용운이 신간회 경성 지회장에 선출되어 일을 볼 때였다. 하루는 공문을 보내기 위해 인쇄해 온 봉투에 일본의 연호인 '소화(昭和)'가 표시되어 있는 것을 보았다. 한용운은 깜짝 놀라 고함을 질렀다.

"누가 이따위 글을 찍었는가?"

한용운은 금방 인쇄해 온 봉투를 모조리 아궁이 속에 집어넣고 태워 버렸다. 그리고 어쩔 줄 모르고 서 있는 사람들을 바라보며 태연하게 말했다.

"음, 소화(昭和)를 소화(燒火)해 버리니 속이 후련하군!"

말하자면 일본을 불에 태워 버린 것처럼 속이 후련하다는 뜻이다.

"만해 스님은 정말 대쪽 같아!"

한용운의 속뜻을 안 사람들도 그제야 활짝 웃었다.

한용운은 그 뒤에도 '조선 불교 청년 회의'를 '조선 불교 총동맹'으로 바꾸고 제자들인 김상호·김법린·최범술 등과 함께 일제의 불교 탄압에 맞서서 불교 대중화를 위해 노력하였다.

1931년 51세 되는 해에는 월간 잡지 〈불교〉를 인수하여 발행하였다. 이때부터 한용운은 물을 만난 물고기처럼 수많은 논설을 잡지에 기고하였다. 그의 심오한 사상과 철학을 담은 글이었다.

이 해 겨울 한용운은 김법린·김상호·이용조·최범술 등이 조직한 청년 불교 승려들의 비밀 결사인 '만당'이라는 운동 단체의 대표로 추대되기도 했다. 하지만 〈불교〉 잡지의 일도 '만당'의 일도 늘 자금 부족으로 쩔쩔 맸다.

그러던 어느 날이었다. 불교 사무실로 일본 식산은행의 직원 한 사람이 한용운을 찾아왔다. 그는 뜬금 없이 서류뭉치를 내놓으며 한용운에게 도장을 찍어 달라고 하였다.

"무엇 때문에 그러오?"

"아니, 모르셨습니까? 성북동에 있는 임야 20만 평을 선생님께 드리는 것입니다. 여기다 도장만 찍으면 모두 선생님의 땅이 됩니다."

"뭐라구? 내가 언제 당신네더러 땅을 달랬소? 난 그런 적이 없으니 당장 돌아가시오!"

한용운은 호통을 쳐서 직원을 내쫓았다. 총독부에서 어려움에 처한 한용운의 처지를 알고 그 기회를 틈타 회유하려는 수작이었다.

그 무렵 총독부는 3·1 운동 이후 조선 민족의 강력한 저항을 무마시키기 위해 문화 정치를 실시한다는 명목으로 조선 지도자들을 하나둘 회유하기 시작하였다. 그 중 한 사람이 춘원 이광수였다. 도쿄 2·8 독립 선언서까지 작성했던 그가 거액을 받고 〈동아일보〉 논설 위원이 되자마자 '민족 개조론'을 주장하고, 총독부를 대신하여 조선의 독립 불가능을 외치고 다녔다.

이광수를 끌어들이는 데 성공한 총독부는 최남선과 최린을 유혹했다. 최남선은 총독부의 꾐에 넘어가 '중추원 참의'라는 높은 벼슬에 올랐다.

그 소식을 들은 한용운이 몇몇 사람들과 밥을 먹을 때였다.

"이 자리는 지난날 우리의 동지였던 최남선의 장례식이오!"

갑자기 한용운이 밥그릇 위에 수저를 꽂은 채 엄숙한 목소리로 말했다. 그 자리에 있던 사람들은 울 수도 웃을 수도 없었다. 변절자들에 대한 한용운의 슬픔과 분노가 얼마나 큰지 잘 알기 때문이었다.

그러던 어느 날 길을 가던 한용운은 저만치 앞에 최남선이 걸어오는 걸 보고는 못 본 체 빨리 걸어갔다. 그러자 최남선이 따라와 앞을 막아서며 먼저 인사를 청했다.

"만해 선생, 정말 오랜만이오!"

"당신 누구시오?"

한용운은 눈도 깜짝 안 하고 물었다.

"나, 육당 아닙니까?"

한용운은 또 한 번 물었다.

"육당이 누구시오?"

"최남선입니다. 잊으셨습니까?"

"내가 아는 최남선은 벌써 죽어서 장례를 치른 지 오래요!"

한용운은 고개를 돌리며 말했다. 그야말로 불의와 타협할 줄 모르는 모습이었다.

최남선뿐 아니라 최린에게도 마찬가지였다. 3·1 운동 때 한용운과 둘도 없는 사이였던 최린도 변절하여 중추원 참의에다 일제의 앞잡이 신문인 〈매일신보〉의 사장이 되었다.

그 소식을 들은 한용운은 어느 날 새벽 일찍이 최린의 집을 찾아가 대문 앞에 엎드려 곡을 하였다.

"아이고오, 아이고!"

난데없는 곡소리에 놀란 집안 사람들이 뛰어나왔다.

"아니, 만해가 아니오? 도대체 무슨 일이오?"

최린이 놀라서 물었다.

"내 친구 최린이 죽었다고 하여 와서 조문을 하는 거요. 아직 죽을 때가 안 된 사람인데 참으로 안되었소."

한용운은 그렇게 내뱉고는 획 돌아섰다. 물론 그때부터 최린을 죽은 사람으로 여기고 다시는 만나지 않았다.

19. 님우장에서의 생활

어느덧 일제에게 나라를 빼앗긴 지도 10여 년이 지났다. 나라 안팎의 애국 지사들이 그토록 애를 쓰건만 독립의 길은 험난하기만 했다. 일제는 날이 갈수록 조선을 더욱 일본화하려고 애썼다.

"아아, 하루빨리 조선의 주권을 되찾아야 한다!"

한용운은 자나깨나 독립을 생각하였다. 하지만 주변 상황은 어려워만 갔다. 승려들 중에도 친일파 승려들이 점점 늘어났다.

하루는 총독부의 어용 단체인 삼십일 본산 주지회에서 한용운에게 강연을 해 달라고 청하여 왔다. 한용운은 몇 번 거절하다가 하도 간곡히 부탁하므로 마지못해 나갔다.

단상에 오른 한용운은 전국에서 모인 주지들을 향해 이윽고 입을 열었다.

"세상에서 제일 더러운 게 무엇인지 아십니까?"

느닷없는 질문에 주지 스님들은 아무 대답도 하지 못했다.

"그럼, 내가 대답할 수밖에 없군. 그건 바로 똥입니다. 그런데 그 똥보다 더 더러운 것이 있습니다. 그게 무엇입니까?"

이번에도 역시 아무 대답이 없었다.

"그러면 또 내가 대답하지요. 그건 바로 송장입니다. 내 경험으로 똥 옆에서는 음식을 먹을 수 있어도 썩는 송장 옆에서는 냄새가 고약하여 차마 음식을 먹을 수가 없기 때문입니다."

한용운은 눈을 부릅뜨고 청중을 둘러보았다. 그러다가 또 물었다.

"그런데 송장보다 더 더러운 게 무엇인지 아십니까?"

주지 스님들은 도대체 한용운이 무슨 말을 하는가 하여 눈만 멀뚱멀뚱 뜨고 있었다.

"이놈들아! 그건 바로 여기 앉아 있는 삼십일 본산 주지 네 놈들이다!"

한용운은 뇌성벽력같이 소리를 치고는 뒤도 안 돌아보고 그곳을 박차고 나와 버렸다. 이처럼 나이가 들어도 그의 곧은 기개는 꺾일 줄 몰랐다.

어느덧 한용운의 나이 55세가 되었다. 이 무렵 한용운의 생활은 말할 수 없이 어려웠다. 〈불교〉 잡지도 경영난으로 휴간한 상태였다.

한용운은 사직 공원 옆의 허름한 방 한 칸을 빌려 혼자 살고 있었다.

"여보게 몸도 건강하지 못하면서 언제까지 혼자 살 셈인가? 아내를 맞이하게!"

보다 못한 친구들이 나서서 결혼하기를 권했다.

평소 불교 유신론을 통해 승려들도 결혼을 하여 중생 안에서 부처님의 말씀을 깨달아야 한다고 주장하던 그였지만 겸연쩍기만 하였다.

문득 고향에 두고 온 아내와 아들 보국이 떠올랐다.

3·1 운동 후 한용운의 이름이 신문에 자주 오르내리자 하루는 보국이 찾아왔다. 하지만 아내는 이미 이 세상 사람이 아니었다. 얼굴도 본 적이 없는 아들을 만나 한용운은 말할 수 없이 기뻤다.

"조선의 아들답게 꿋꿋하게 살아 가거라."

한용운은 아들을 만난 뒤의 심정을 〈별건곤〉이라는 잡지에 발표하기도 했다. 그러나 그 후 아들에 대한 소식은 알 길이 없었다.

마침내 한용운은 친구들의 권유로 나이 쉰다섯에 재혼을 하였다. 아내 유숙원은 오랫동안 간호사로 일하며 독신으로 지낸 여성이었다.

결혼한 후에도 한용운은 단칸방 신세를 면치 못했다. 이를 보다 못해 벽산 스님이 집터를 기증하고 방응모, 박광 등 뜻있는 친구들이 돈을 모아 집을 짓게 되었다. 집터는 성북동 울창한 산자락에 딸린 양지바른 땅이었다.

"만해, 어떠시오?"

"아무 한 일도 없이 이렇게 후한 대접을 받아서 황송할 따름이오."

오랜만에 한용운은 어린아이처럼 기뻐하였다. 목수들은 여름에는 시원하고 겨울에는 따뜻한 남향으로 집을 지으려 했다. 그런데 한용운이 완강하게 반대하고 나섰다.

"안 되오. 북향 집으로 지어 주시오."

"아니, 북향이라니요?"

"허어, 집을 남향으로 지으면 집 대문이 바로 총독부를 향하게 되질

않습니까? 난 못 해요. 그 더러운 총독부를 매일 바라보고 사느니 여름엔 덥고 겨울엔 춥더라도 차라리 북향 집에 살겠소!"

아무도 한용운의 고집을 꺾을 수가 없었다. 마침내 집은 북쪽을 향하여 돌아앉고 말았다.

한용운은 그 집의 이름을 '심우장'이라고 지었다. 심우장이란 소를 찾는다는 뜻인데, 소란 불교에서 가장 큰 도를 깨치는 마음을 뜻하는 것이다. 즉, 심우란 무상 대도를 깨치기 위한 집이며, 늘 공부하는 집이란 뜻이다.

한용운은 또 '심우장'이라는 시를 써서 그때의 마음을 적어 놓았다.

잃을 소 없건마는
찾을 손 우습도다.
만일 잃을시 분명하다면
찾은들 지닐소냐.
차라리 찾지나 말면
또 잃지나 않으리라.

—'심우장' 전문

즉, 처음부터 잃은 것은 없다. 찾는다고 법석을 부리다가 또다시 잃지 말고 마음의 결심을 굳게 지키겠다는 뜻으로 해석된다.

심우장으로 옮겨 간 한용운은 마당에 많은 화초와 향나무 한 그루를 심었다. 향나무의 늘 푸른 빛처럼 조선의 앞날에도 어서 푸르른 날이 오기만을 손꼽아 기다렸다.

이듬해인 1934년 9월, 아내가 딸 영숙을 낳았다. 한용운은 쉰여섯의 늦은 나이에 얻은 영숙이 마냥 귀여웠다. 하지만 호적이 없는 한용운은 딸 영숙을 호적에 올릴 수 없었다.

"나는 조선 사람이다. 왜놈이 통치하는 호적에 내 이름을 올릴 수 없다!"

한용운은 일제가 만든 호적 따윈 거들떠보지도 않았다. 그러니 나라에서 주는 곡식이며 신발, 옷감 따위를 타올 배급표조차 받지 못했다.

물론 딸 영숙이 학교 갈 나이가 되어도 취학 통지서가 나올 리 없었다.

"여보, 그래도 어떻게 학교는 보내야잖아요?"

온갖 삯바느질이며 남의 집 궂은일을 해 가며 살림을 꾸려 나가던 아내가 조심스레 물었다.

"학교라니? 그깟 학교엘 가면 뭘 하오! 가가거겨를 배우는 것도 아니고 일본어를 배우고 일본 역사를 배우는 곳엘 보내란 말이오? 어림없는 소리! 나라를 되찾기 전엔 학교 문턱에 얼씬도 못 할 줄 아시오!"

한용운은 화를 버럭 냈다. 그는 영숙을 데리고 직접 한문과 한글을 가르쳤다.

영숙은 아버지를 닮아 머리가 뛰어났다. 다섯 살 때 이미 〈소학〉을 읽을 정도였다. 하루는 영숙이 신문에 섞인 일본 글자를 보고 물었다.

"아버지, 이건 뭐예요?"

"음, 그건 몰라도 되는 거야. 그건 글자가 아니야."

한용운은 한마디로 잘라 말했다. 비록 어린 딸에게 하는 말이었지만 일생을 독립운동에 바친 한용운의 성품이 그대로 드러나는 말이었다.

한용운은 심우장에서도 많은 글을 썼다. 1935년 4월부터 장편소설 〈흑풍〉을 〈조선일보〉에 연재하는 한편, 1936년에는 장편소설 〈후회〉를 〈조선중앙일보〉에 연재하였다. 하지만 그 신문이 폐간되는 바람에 소설은 50회에서 중단되었다.

이렇게 글을 써서 받은 원고료로 한용운은 근근이 살아갔다.

그러던 어느 날 한 젊은이가 보따리 하나를 들고 심우장을 찾아왔다.

"선생님, 얼마 되지 않지만 살림에 보태 쓰십시오."

"아니, 누가 나한테 돈을 보냈단 말이냐?"

"실은 어제 총독부에 불려 들어갔더니 이걸 선생님께……."

"뭐라구? 네 이놈! 젊은 놈이 그 따위 더러운 심부름이나 하고 다녀? 당장 나가거라!"

한용운은 돈보따리를 내던지며 뺨을 후려쳤다.

젊은이는 혼쭐 빠지게 꾸지람을 듣고 줄행랑을 놓았다.

한용운은 비록 가난할지언정 일제의 도움은 티끌만큼도 받고 싶지 않았다. 오히려 가난한 생활에도 불구하고 신문사에서 받은 원고료조차 남을 위해 선뜻 쓰기도 했다. 1936년 단재 신채호가 죽었을 때도 마찬가지였다.

"단재 같은 사람이 진정한 애국자이다."

한용운은 중국에 나가 독립운동을 하다가, 일제에 잡혀 만주 땅 여순 감옥에서 꿋꿋하게 지조를 지키다가 옥사한 단재를 높이 칭송했다. 그리고 단재의 묘비를 손수 장만하여 주었다.

그뿐이 아니었다. 이듬해인 1937년 3월에는 한용운이 만주에 갔을 때부터 친하게 지내 온 독립 지사 김동삼이 잡혀 와 마포 형무소에서 옥사를 했을 때였다.

"아, 조선의 별이 떨어졌구나. 이 일을 어쩌면 좋단 말인가!"

한용운은 대성통곡을 하였다. 당장 형무소로 달려가 김동삼의 시신을 심우장으로 모셔 와 빈소를 차렸다. 일제의 눈이 무서워 누구도 그런 용기를 내지 못할 때였다. 그제야 많은 애국 지사들이 조의를 표하기 위해 빈소를 찾아왔다.

김동삼의 장례는 5일장으로 치러졌다.

영결식에서 한용운은 다시 애통해하며 다음과 같이 말했다.

"아아, 김동삼 선생을 잃은 것은 이 민족의 큰 불행입니다. 국내외를 통하여 이처럼 큰 인물이 없습니다. '유사지추(독립의 때)'를 당하여 나라를 수습할 인물이 다시 없어 큰 혼란이 일어날 것이 더욱 비통할 따름입니다."

한용운은 뜨거운 눈물을 주르르 흘렸다.

그런데 누군가 시신을 홍제동 화장터로 운구하려 할 때였다.

"선생의 시신을 일본인이 운영하는 화장터에서 태울 수 없다. 미아리로 가자! 그곳에 조선인이 경영하는 화장터가 있다!"

한용운은 시신의 화장마저도 일본인의 손에 맡기기를 꺼렸다.

김동삼의 시신은 화장한 뒤 한강에 뿌려졌다. 평소에 '내가 죽거든 고향 산천에 뿌려 달라.'는 그의 말에 따른 것이었다.

그 무렵 한용운은 그 동안 재정난으로 휴간하였던 〈불교〉를 다시 간행하였다. 그리고 잡지에 소설 〈철혈미인〉을 비롯하여 여러 편의 논설을 실었다.

그런데 한용운이 관계하고 있던 청년 불교 운동인 '만당'의 비밀 활동이 일제에 발각되고 말았다. 불교 청년 당원들이 비밀리에 독립운동을 하고 있다는 걸 안 일제에 의해 핵심 청년 당원들이 모두 체포되었다. 하지만 일제는 만당 총재인 한용운은 감히 구속하지 못하였다.

한용운은 구속된 당원들을 격려하기 위하여 면회를 가면서 꽃다발을 들고 갔다.

"아니 선생님, 웬 꽃다발입니까?"

함께 간 제자가 눈이 휘둥그레져서 물었다.

"나라를 위해 싸우다 감옥에 갔으니 축하할 일이 아니고 뭔가!"

한용운은 태연하게 말했다.

하루는 또 들고 간 꽃다발을 경찰서 앞에다 내동댕이치기도 했다. 꽃잎이 사방으로 부서졌다.

"너희들은 얼마 안 있어 바로 이 꽃과 같은 신세가 될 것이다!"

한용운은 거침없이 내뱉었다.

이런 한용운의 꿋꿋한 기개는 환갑이 되어도 마찬가지였다. 1939년 7월 12일 환갑을 맞이한 한용운을 위해 박관·이원혁·장도환·김관호가 중심이 되어 서울 청량사에서 조촐하게 회갑연을 차려 주었다.

"내가 환갑 상을 받는 것은 기쁜 일이 아니오. 내 나라를 되찾는 그 날이 오면 우리 모두 덩실덩실 어깨춤을 추며 잔치를 벌여야 하오."

한용운은 눈시울을 붉히며 말했다.

20. 조선 학병 반대 운동을 벌이다

1940년 무렵 총독부는 날이 갈수록 조선을 핍박하였다. 우선 조선말을 말살하기 시작하였다. 학교에서는 조선어 과목을 없애고 일본말만 사용하도록 강요하였다.

그뿐이 아니었다. 조상 대대로 내려온 성씨와 이름을 일본말로 바꾸는 '창씨 개명' 운동까지 벌였다.

하루는 한용운이 친구인 벽초 홍명희와 바둑을 두고 있는데 헐레벌떡 한 사람이 찾아왔다.

"선생님, 세상에 이럴 수가 있습니까? 최린이 창씨 개명을 했답니다. 이광수, 최남선은 물론이요, 박희도 등 많은 사람들이 그 뒤를 따랐다고 합니다."

"허허, 만해, 그 개자식들 때문에 조선의 청년들이 큰 영향을 받을 텐데 이걸 어쩌오?"

홍명희가 걱정스레 물었다. 그러자 한용운은 정색을 하고 말했다.

"벽초, 무슨 그런 실언을 하시오? 만일 개가 이 자리에서 그 말을 들었다면 당신에게 항의를 했을 거요. 나는 주인을 알고 충성하는 동물인데 어찌 주인을 저버린 그런 인간들하고 비유하느냐.'고 말이오. 그러니 개보다 못한 사람들한테 개자식이라 욕을 하면 오히려 개를 모욕하는 것이 되오."

함께 독립운동을 했던 이광수, 최린, 최남선의 변절에 한용운은 비통한 마음으로 말했다.

"하하하, 과연 만해다운 말씀이오!"

홍명희는 그제야 껄껄 웃었다.

춘원 이광수는 불교 소설을 쓰거나 불교에 관한 것을 인용할 때 곧잘 한용운을 찾아와 상의하곤 하였다.

창씨 개명을 한 이광수는 어느 날 심우장으로 한용운을 찾아왔다.

집 뜰에 들어서는 이광수를 본 한용운은 그가 미처 인사도 하기 전에 노발대발하여 외쳤다.

"네 이놈! 꼴도 보기 싫다. 다시는 내 눈앞에 나타나지 말아라!"

한용운은 그를 크게 꾸짖고는 집에 발도 들여놓지 못하게 하였다.

이광수는 얼굴이 벌게져서 그대로 돌아가고 말았다.

일제는 태평양 전쟁에서 계속 밀리게 되자 징병제도에 이어 학병을 모집하기 시작하였다. 어린 학생들까지 전쟁터로 내모는 것이었다.

그러자 친일 분자들은 앞다투어 학병 지원을 부추겼다. 소위 민족 지도자라고 자처하는 사람들이 앞다투어 젊은이들을 전쟁터로 내몰았다.

하루는 총독부 기관지인 〈매일신보〉의 기자가 한용운을 찾아왔다.

학병 출정을 장려하는 글을 써 달라고 부탁하러 온 것이다.

한용운은 기자를 쏘아보다가 말했다.

"자네는 조선 사람이 아닌가? 여기가 어딘 줄 알고 찾아와 그런 소리를 하는가?"

"그럼, 한마디만 해 주십시오. 제가 쓰겠습니다."

"당장 나가!"

한용운이 소리를 버럭 질렀다.

"그럼, 사진만이라도 찍게 해 주십시오."

"이런 고약한 놈이 있나! 그런 것은 너희 사장한테나 부탁해라!"

한용운은 크게 화를 내며 기자가 들고 있던 카메라를 빼앗아 내동댕이쳐 버렸다. 그 당시 〈매일신보〉의 사장은 최린이었다.

이렇게 대쪽 같은 성격인지라 한용운은 늘 궁색하기만 했다. 이런 사정을 뻔히 아는 최린이 어느 날 한용운을 찾아왔다.

"없다고 하오."

한용운은 냉정하게 말했다. 그러자 최린은 돈 봉투를 한용운의 아내에게 건네주고는 힘없이 심우장을 나갔다. 하지만 돈을 받은 것을 안 한용운은 벽력같이 소리를 질렀다.

"이 더러운 돈을 왜 받소! 그렇게 배가 고프시오? 앞으로는 이런 돈 절대 받지 마시오!"

한용운은 돈 봉투를 들고 뛰쳐나가 최린의 집으로 득달같이 달려갔다. 그리고 돈 봉투를 최린의 집 마당에 던져 버리고 되돌아왔다.

이렇게 옛 동지들이 하나 둘 변절을 할 때도 한용운은 꿋꿋하게 절개를 지켰다.

"조선의 독립은 곧 온다. 이제 얼마 안 가 일본은 패망할 것이다!"

한용운은 늘 조선의 독립을 굳게 믿고 기다렸다.

한용운의 예상대로 일본은 전쟁에서 점점 불리해져 갔다. 총알을 만든다고 집집마다 놋그릇을 빼앗아 갔으며 쌀 한 톨 남기지 않고 거두어 갔다.

"그래, 이제 점점 때가 오고 있다. 나의 님이 오시고 있다!"

한용운은 65세가 되는 나이에도 이곳 저곳을 다니며 조선인 학병 출정 반대 운동을 하였다.

조선의 젊은이들이 더 이상 일본의 총알받이가 되어 죽는 걸 볼 수 없었기 때문이다.

21. 떠나간 님

1944년, 어느 틈에 한용운의 나이도 66세가 되었다.

어느 날 일제는 연합군의 공습에 대처한다며 집을 떠나 피난소로 가라고 하였다. 그러자 대부분의 사람들이 피난처를 찾아 서울을 떠났다. 그러나 한용운은 고집스럽게 버티었다.

"난 한 발짝도 안 움직인다. 연합국의 공습이라면 일본놈들을 때려부수는 게 아닌가? 그렇다면 남아서 환영을 해야 한다. 설령 폭격에 맞아 죽는 한이 있어도 이 두 눈으로 똑똑히 왜놈이 망하는 걸 봐야겠다."

한용운은 꿈쩍도 하지 않았다.

하지만 그렇게 강직하던 그의 건강은 극도로 악화되고 있었다. 한평생을 오직 나라를 위해 사는 동안 몸을 돌볼 겨를이 없었던 탓이다. 더구나 그는 한겨울에도 늘 차디찬 냉방에서 지냈다.

"온 나라가 다 감옥인데 나 혼자만 따뜻한 방에서 지낼 수 없다!"

한용운은 독립이 되는 그 날까지 감옥에 갇힌 듯 살았던 것이다. 하도 얼음장처럼 차가운 방에서 꼿꼿하게 앉아 참선을 하곤 해서 주위 사람들이 '저울추'라고 부를 정도였다.

한용운의 병은 신경통에다 영양 실조까지 겹쳤다. 한용운을 따르던 김관호가 매일같이 심우장을 찾아와 병상을 지키고 아내가 극진하게 간호를 하였지만 도무지 차도가 없었다.

"만해, 어서 일어나셔야지요. 이제 독립이 눈앞에 와 있소."

방응모가 녹용이 든 귀한 한약을 지어 와 안타깝게 말했다. 계초 방응모는 1927년 고당 조만식의 소개로 한용운을 만난 이후 비록 그와 네 살 차이였지만 늘 선생님으로 깍듯이 모셨다. 〈조선일보〉 사장으로 있으면서 한용운에게 장편소설 〈흑풍〉, 〈박명〉 등을 쓰게 하고 〈삼국지〉 번역 연재를 〈조선일보〉가 폐간될 때까지 연재하도록 도와준 둘도 없는 친구였다. 〈조선일보〉가 일제에 의해 강제 폐간되었을 때 한용운은 시로써 울분을 표현했다.

이처럼 한용운을 누구보다 아끼고 존중하는 방응모가 녹용이 든 한약을 세 차례나 지어 보냈다. 하지만 한용운의 병은 좀처럼 낫지 않았다.

그 해 6월 29일, 온 세상이 초록으로 물든 여름 날이었다.

오셔요, 당신은 오실 때가 되었어요, 어서 오셔요.

당신은 당신의 오실 때가 언제인지 아십니까, 당신의 오실 때는 나의 기다리는 때입니다.

……(중략)……

오셔요, 당신은 오실 때가 되었습니다. 어서 오셔요.
……(중략)……

― '오셔요'

그토록 애타게 조국의 독립이 오기만을 기다리던 한용운은 조용히 눈을 감았다. 기다리고 기다리던 독립이 바로 다음해에 다가왔건만 그는 파란만장한 생애를 마감한 것이다.

한용운이 세상을 떠나자 많은 사람들이 빈소를 찾아왔다. 그 중에는 한용운에게 그토록 무시를 당하던 최남선, 최린도 있었다. 친구인 민형식도 불편한 몸을 이끌고 와서 한용운의 죽음을 슬퍼하였다.

"아, 조선의 큰 별이 떨어졌다. 이제 누가 있어 우리를 그토록 엄하게 꾸짖어 줄까?"

그들은 엎드려 통곡을 하였다.

한용운의 장례식에는 많은 사람들이 찾아와 애통해하였다. 일본인 도야마 미쓰루(頭山滿)조차 "조선의 큰 위인이 갔다. 다시는 이런 인물이 없을 것이고, 지금 우리 일본에도 없다."라고 말할 정도였다.

늘 "인도에는 간디가 있고 조선에는 만해가 있다."며 한용운의 높은 절개를 칭송하던 정인보는 영결식에서 다음과 같은 시를 읊으며 비통해하였다.

풍란화 매운 향기
님에게야 견줄손가
이 날에 님 계시면
별도 아니 빛날런가
불토(부처의 땅)가 이 위 없으니
혼아 돌아오소서.

한용운의 유해는 지난 번 김동삼의 시신을 화장했던 미아리의 화장터에서 불교의 다비식으로 행해졌다.

그런데 다비를 마친 후 사람들은 깜짝 놀랐다. 시신은 다 없어졌는데 치아만 타지 않고 고스란히 남아 있었기 때문이었다. 불가에서는 다비 후에 치아가 나오는 것을 매우 귀하게 여겼으므로 모두 한용운의 높은 법력에 감탄하였다.

"이건 독립을 뜻하는 좋은 징조요!"

모여 섰던 사람들은 모두 두 손을 모아 합장을 하였다. 이 치아는 항아리에 담겨 유골과 함께 망우리 공동 묘지에 묻혔다.

그가 세상을 떠난 후에도 그에 대한 많은 사람들의 사랑은 그칠 줄 모르고 타올랐다.

1948년에는 만해 한용운 전집 간행 위원회가 조직되었고, 1962년에는 대한민국 건국공로훈장 대한민국장이 수여되었다. 또한 1967년에는 파고다 공원에 '용운당 대선사비'가 건립되었으며, 신구문화사에서 〈만해 한용운 전집〉을 출간한 것을 비롯하여 수많은 출판사에서 만해의 책을 출판하였다. 1995년부터는 한용운의 고향 홍성에서 해마다 '만해제'가 열리고, 1998년에는 백담사와 남한산성에 '만해 기념관'이 세워졌다.

한용운 그는 떠났지만 이 지도 그는 우리 곁에서 언제나 꺼지지 않는 불꽃으로 남아 있는 것이다. 그가 '아아, 님은 갔지만 나는 님을 보내지 아니하였습니다.'라고 노래한 것처럼 늘 영원한 님으로 우리 가슴속에 남아 있는 것이다.